THINKING INSTRUCTIONS
OF MANAGEMENT RESEARCH

管理研究的思维方式

透过复杂的现象
发现问题的本质

贾 明◎著

机械工业出版社
CHINA MACHINE PRESS

图书在版编目（CIP）数据

管理研究的思维方式：透过复杂的现象发现问题的本质 / 贾明著 . -- 北京：机械工业出版社，2021.5（2023.7 重印）
（华章精品教材）
ISBN 978-7-111-68145-8

I. ①管… II. ①贾… III. ①管理学 – 高等学校 – 教材 IV. ① C93

中国版本图书馆 CIP 数据核字（2021）第 083501 号

  本书是一本探讨管理研究的入门书，内容聚焦管理研究的总体结构和思维方式，重点阐述的是如何提出问题、构建理论、提出假设和进行研究设计等，而不是具体的研究方法。本书通过介绍如何从社会现象中发现问题并提炼出科学问题，以实证研究为例系统讨论了管理研究的基本过程，力图指导读者发现问题、提炼问题、分析问题、解决问题，培养他们创造知识的能力。此外，本书选用了一些文献作为例子，建议读者结合这些文献所探讨的主要内容一起阅读和学习。

  本书非常适合高等院校管理学、心理学、教育学与社会学等学科专业的高年级本科生、研究生，以及科研机构相关领域的研究人员阅读。

出版发行：机械工业出版社（北京市西城区百万庄大街 22 号　邮政编码：100037）
责任编辑：李晓敏　　　　　　　　　　　　责任校对：殷　虹
印　　刷：北京建宏印刷有限公司　　　　　版　　次：2023 年 7 月第 1 版第 4 次印刷
开　　本：185mm×260mm　1/16　　　　　印　　张：10.5
书　　号：ISBN 978-7-111-68145-8　　　　定　　价：50.00 元

客服电话：(010) 88361066　68326294

版权所有·侵权必究
封底无防伪标均为盗版

作者简介

贾明 西北工业大学管理学院副院长,教授、博士生导师,博士。入选教育部"新世纪优秀人才支持计划",中组部万人计划之"青年拔尖人才支持计划",中宣部文化名家暨"四个一批"人才支持计划,中组部万人计划之"哲学社会科学领军人才支持计划"。研究方向为企业社会责任、可持续商业等,主持国家自然科学基金重点项目等国家级课题3项。目前,他的代表性论文主要发表在《管理世界》《管理科学学报》和 Organization Science、Journal of Management Studies、Journal of Business Ethics 等国内外权威期刊上。

2017年起,他担任FT50国际权威期刊 Journal of Business Ethics 编委,2020年8月起担任该刊栏目编辑(Section Editor);2021年7月起,担任 Management and Organization Review 期刊的高级编辑(Senior Editor)。

前　言

本书根据我在西北工业大学讲授的"管理研究的思维方式"课程录音整理而成。该课程作为研究生选修课，从2014年开设至今已经讲授多轮。2019年全面修订后的研究生培养方案，将之前的课程拓展成为"1+4"研究生方法论系列课程，其中"1"就是"管理研究的思维方式"课程，主要介绍如何从社会现象中发现问题并提炼出科学问题，进而讲解基本的实证研究过程；而"4"则是分别讲授实证、问卷、案例和实验等研究方法的4门课程。实际上，这样一个方法论课程架构把我们开展管理研究所需要掌握的基础知识都包括进去了。

研究生大都有从事科学研究的热情，但普遍缺乏基本的方法论训练，对于如何开展研究缺乏了解，导致难以动手而逐渐失去研究兴趣，故而在研究生一年级就普及研究方法论是极为必要的。这门课程旨在解决学生从本科生过渡到研究生所需具备的基本研究素养的问题。与多数高校当前所开设的管理研究方法课程不同，我们并没有把重点放在具体研究方法的介绍上，而是聚焦管理研究的总体结构和管理研究的思维方式，并将重点放在如何提出问题、构建理论、提出假设和进行研究设计等环节。

经过多年的教学实践，"管理研究的思维方式"课程在学生中普遍反响良好，大多数学生在自己撰写的课后总结中都提到对如何开展管理研究有了基本认识，这也促使我把课堂所授内容系统地整理并予以出版。2019年，我对讲课录音进行整理，又经过半年多的反复修改和打磨，最终形成这本书。在此过程中，多位团队成员协助做了大量的工作。其中，杜永治负责统稿和第1章、第6章的文字整理；赵小玥负责第2章和附录的文字整理；张思佳负责第3章、第7章的文字整理；孙鹤溪负责第4章、第8章的文字整理；禹媛媛负责第5章、第10章的文字整理；赵爽负责第4章、第9章的文字整理以及全书的排版工作。

另外，西安交通大学的张喆教授、西北工业大学的张莹老师和黄珍老师、新加坡管理大学的蓝旸博士等提出了许多宝贵意见；西北工业大学的范聪聪、雷雪等同学也出色地完成了书稿校对工作。在此对诸位老师、同学的出色工作表示感谢。书中很多有关管理研究思维的理解和思考都得益于与许多老师的交流和探讨，其中特别感谢新加坡管理大学王鹤丽教授、得克萨斯大学达拉斯分校夏军教授和康奈尔大学克里斯·马奎斯（Chris Marquis）对我的学术研究的指导。书中难免存在一些疏漏和错误，恳请各位专家及读者批评指正。

贾明

2021年5月于西安

目录

前言

第1章　管理研究概述 ·················· 1
1.1　什么是管理研究 ················· 1
1.2　管理研究的特点 ················· 5
1.3　假设推断型研究的步骤 ········· 7
1.4　管理研究过程中的要点和难点 ··· 11
1.5　管理研究的知识储备 ··········· 13
1.6　管理研究思维的循环 ··········· 16

第2章　发掘研究价值 ················ 19
2.1　确立研究价值的标准 ··········· 19
2.2　选择研究兴趣点 ················· 21
2.3　搭建ABC模式框架 ············· 23
2.4　运用ABC框架确定有价值的问题 ······························ 31
2.5　研究贡献 ························· 36

第3章　提炼研究问题 ················ 38
3.1　细化问题的路径 ················· 38
3.2　提炼问题的六种模式 ··········· 41
3.3　问题驱动 ························· 44
3.4　选题误区 ························· 47
3.5　克服研究瓶颈 ···················· 48

第4章　阅读文献 ······················ 50
4.1　文献阅读的重要性 ··············· 50
4.2　阅读文献的目的 ················· 53
4.3　文献阅读的边界 ················· 57
4.4　查询文献的途径 ················· 59
4.5　选择文献 ························· 62
4.6　管理文献 ························· 66
4.7　想象力牵引的文献阅读 ········ 66
4.8　评价文献 ························· 68
4.9　高效积累文献 ···················· 70
4.10　撰写文献综述 ··················· 74

第5章　提出假设 ······················ 77
5.1　构建理论框架 ···················· 77
5.2　假设陈述 ························· 80
5.3　证明因果关系的四个条件 ······ 84
5.4　构建理论 ························· 85
5.5　调节效应的四种类型 ··········· 92

第6章　理论构建与贡献 ············· 96
6.1　假设构建与竞争性解释机制 ··· 96
6.2　理论视角选择 ···················· 97
6.3　引入情景因素的理论意义 ····· 100
6.4　影响机制与中介变量 ·········· 101
6.5　从文献中学习理论构建 ······· 103
6.6　文献中的理论构建举例 ······· 105

第7章　研究设计框架 ············· 110
7.1　研究设计的作用 ··············· 110
7.2　研究设计的主要内容 ········· 112
7.3　概念操作化要点 ··············· 117

7.4 实证研究设计要点 …………… 118
7.5 数据收集方法的比较和选择 … 119

第8章 操控研究设计 …………… 126
8.1 验证因果关系的关键 ………… 126
8.2 替代解释的干扰 ……………… 127
8.3 排除替代解释与内部有效性和
外部有效性的平衡 …………… 129
8.4 控制影响因素的途径 ………… 131
8.5 概念操作化与变量测量 ……… 132

第9章 抽样与数据收集 ………… 138
9.1 从思考到动手的转变 ………… 138
9.2 抽样 …………………………… 139

9.3 数据收集方法 ………………… 143
9.4 数据分析与假设检验 ………… 144

第10章 学术提升之路 …………… 146
10.1 关注微观机制 ………………… 146
10.2 关注内部有效性和外部有效性
的平衡 ………………………… 148
10.3 研究设计要做到两步等价 …… 149
10.4 学术论文发表 ………………… 149
10.5 学者养成 ……………………… 151

参考文献 …………………………… 153

附录 重要文献概要 ……………… 159

第 1 章

管理研究概述

本章的主要目的在于引领初学者步入管理研究的学术大门，激发他们的学术研究兴趣，对管理研究有一个整体性的认识。主要内容包括本书的体系结构、开展管理研究之前的学习准备和知识储备，以及管理研究的定义、特点及基本流程。学习重点是掌握管理研究的定义、特点及基本流程。

本书是一本管理研究的入门书，其中最核心的任务是指导学生如何发现、提炼、分析、解决问题，从而培养他们创造知识的科研能力。在学术研究道路上，有一个很重要的公式：信心＋指导＝成功。第一，要有信心。因为在学术研究道路上，我们经常会遇到各种困难，所以信心非常重要，是做学术研究取得成功的第一要素。第二，做学术研究需要有正确的指导。信心加上正确的指导，是学术成功的必然路径。仅有信心而没有指导，做起研究来往往事倍功半。为研究入门者树立信心和提供科学的指导，也是本书的写作初衷。需要注意的是，本书选用了一些文献作为例子，建议读者结合这些文献所探讨的主要内容一起阅读和学习，具体见书后参考文献中加"△"号的文献及附录。

1.1 什么是管理研究

本书主要讨论三个问题：第一，什么是管理研究？第二，为什么做管理研究？第三，管理研究的思维方式是什么，即如何做管理研究？前两个问题是为了引出第三个问题，本书只进行简单的介绍，将重点讨论如何做管理研究。

1. 管理研究的定义

首先，介绍一下管理研究的定义。管理研究是对某一特定问题进行有组织的、系统的调查或科学研究，以找到问题的答案或解决方案（Sekaran 和 Bougie，2016：p3）。从这个定义来看，管理研究的目的就是找到问题的答案或解决方案。那么，找到什么问题的答案呢？这是指一个特定的问题（specific problem），做管理研究一定要有一个特定的问题。怎样才能找到一个特定的问题？这本身就是一个很重要的问题。也就是说，我们要能透过现象把一个特定的问题提炼出来，这也是管理研究的起点。接下来要做的就是有组织地、系统地去分析这个问题，目的是找到这个问题的答案或解决方案。这个过程就是做管理研究。

怎样去做系统的、有组织的调查和分析呢？有没有一个所谓的路径或思维方式可以遵循呢？如果能有一个思考模板，我们做管理研究就有章可循。

鉴于此，本书将要重点讨论以下内容：第一，怎样提炼出研究问题？这是第一步，也是科学研究的起点。第二，当提炼出问题后，最重要的是利用科学研究的"模板"去分析问题、解决问题，这就是管理研究的思考过程。管理研究就是以一种科学的思维路径去分析问题并最终解决问题的过程。

2. 管理研究的分类

我们一般将研究分成两类：一是基础研究，二是应用研究。开展基础研究的目的在于通过对问题的分析总结出一种普适性的知识。这种知识可以适用于各种情境，如不同类型的企业中。例如，我们想研究员工工资对员工出勤率的影响，并发现增加员工工资能够提高员工的出勤率。这就是具有普适性的知识，放在任何企业中大都应该如此，即只要企业增加工资就能提高员工的出勤率（注意：这并不是完全肯定的关系，请思考为什么）。这种类型的研究就是基础研究。

应用研究的目的则是解决某些企业面对的具体问题。比如，某公司经常出现员工延迟下班、持续加班的问题。作为公司高管，当知道这些情况后就要考虑原因是什么以及怎么解决这些问题。例如，有人建议强制下班。这就给出了一个具体的解决方案，但是这个解决方案只能适用于某种特定的情境且具有很强的针对性，是专门用于解决某些企业遇到的具体问题。这种针对具体问题的研究就称作应用研究。

通常我们做的大多是基础研究，例如运用几百、几千家上市公司的数据构成样本开展实证研究，目的是找到具有普适性的规律或知识。但是，我们有时也会专门去找几家企业调研、访谈，收集企业相关的资料，并专门分析这些企业存在的问题，提出特定的解决方案，做一些有针对性的应用研究。

3. 管理研究的对象

管理研究要研究的是什么？每门学科、每个研究领域都有自己关心的研究对象。比如，人力资源领域的学者关注的是与员工相关的问题；市场营销领域的学者关注的是与产品销售和消费者相关的问题；公司治理领域的学者关注的是与公司高层管理者、高管激励相关的一些问题；行为金融领域的学者关注的是与投资者的非理性行为等相关的问题；会计领域的学者关注的则是与公司资金流转、运用等相关的问题；企业社会责任领域的学者关注的则是公司与利益相关者之间的关系等相关的问题。

这里列出各个领域所关心的一些问题，也是当前管理领域比较热门的一些研究话题：

- 员工行为，如员工绩效、旷工以及离职。
- 公司与利益相关者之间的沟通。
- 员工态度，如工作满意度、忠诚度及动机。
- 消费者决策，如消费者满意度。
- 行为金融，如过度自信、有限理性、本土偏见。
- 财务报告，如财务舞弊。
- 公司治理，如高管薪酬。
- 企业社会责任。

4. 管理研究的目的

研究生为什么一定要做研究？这可能是刚刚迈入研究生阶段后一直萦绕在学生脑中的一个问题。例如，很多学生都会问："我以后不想读博士，不想走学术研究这条路，只想研究生毕业后去企业工作，那我为什么还要学习如何做研究呢？"很多学生都会有这样的想法，把"去企业工作"跟"研究生做研究"对立起来，认为两者之间没什么关系，甚至还认为"做研究"就是博士生、大学教师等应该做的事情，如果去企业工作，则做研究对今后工作没什么帮助。既然如此，还不如在研究生课程学习之余多去参加一些实习，积累一些工作经验，反倒对自己未来的发展更有利。的确，能够在研究生初入学阶段就对研究感兴趣、愿意投身于科研事业的人还是少数。

研究生"做研究"的根本目的不是让他们去发多少篇论文（paper），而是通过"做研究"这一过程培养每个人独立思考和独立发现问题、分析问题、解决问题的能力，最终提升每个人的创新思维能力。对研究生而言，最核心的就是创新思维能力的培养，而这需要借助"做研究"这一过程来实现。

单纯地通过教师讲授、灌输知识及自己阅读书籍，很难培养学生的创新思维能力。而通过亲身参与科学研究，学生可以学会如何发现问题、分析问题和解决问题，这些都是构成创新思维能力的基本要素。所谓创新思维，就是解决当下还没有解决的问题或者以一种更为高效的、新的路径解决已有问题，而这本质上就是科学研究。科学研究就是要创造知识，科学研究能力就是创造知识的能力，也就是创新思维能力。

如果你想跟别人不一样，成为一个有创新思维能力的人，成为现代社会特别需要的人才，那就很有必要去掌握科学研究的一些基本技能，在研究生阶段真正参与科学研究，进而培养自己的创新思维能力，而这种能力的一种表现形式就是发表高水平的科研成果。

培养学生的创新思维能力是大学的职责所在，但是创新思维能力怎么培养呢？作为学生，如何才能提升自己的创新思维能力呢？实际上很多人并不清楚。这里需要特别强调的是：参与科学研究工作是培养学生创新思维能力的重要方式之一。

大学所培养的创新思维能力，是学生走出校门有别于他人的一个最核心因素。这里举个例子，会计学专业往往是很热门的，也是应用性非常强的，很多学生读了研究生后，上课之余就去考诸如CPA、ACCA等证书，做着跟会计学专业本科生一样的事情。这样的话，他们可能在研究生毕业后刚工作的时候就很快进入角色（直接到公司财务部承担会计、出纳等工作，熟练掌握各种会计软件和会计制度）。这的确很重要，毕竟干一行要精通一行。但是，当学生们毕业10年或20年后，可能就会发现自己跟其他人相比在专业能力和熟练程度上没有多大的差距（通过重复劳动都能成为熟练工），而在经济实力、社会地位上产生了比较大的差距。

想一想：毕业时的起点都是一样的或差距不大（起薪和岗位差异不太大），有的人加速往上走，而有的人却很难往上走，为什么10年或20年后会有这么大的差距？关键在于是否具备人生的加速度，这种人生的加速度在学生们走出学校的那一刻就开始发挥作用。那么，什么能让学生们的未来人生拥有加速度呢？答案就是创新思维能力。

如何有效培养和提升学生的创新思维能力而使其在未来的竞争中脱颖而出？这就需要学生们充分利用好研究生阶段的宝贵在校时间。大学拥有其他机构不可比拟的导师队伍、实验平台、数据库资源等，学生们需要更好地利用这些独有的资源去提升自己，其实就是要去做研究、参与科学研究工作。

另外，当今企业比以往任何时候都更加需要具备创新思维能力的员工。因为企业需要这样的员工去发现企业自身存在的问题并分析问题和解决问题。未来很多循规蹈矩的工作都会逐渐被人工智能所取代，会计记账业务可能是最快被人工智能取代的工作。现在，企业做营销还要到市场上去发传单吗？已经不是了，现在主要是坐在电脑前分析用户数据，做大数据营销。这些都要求企业的员工具有很强的创新思维能力，数据是不会说话的，需要分析数据的人去发掘其中的奥秘。

千万不要把做研究跟读博士或未来当老师画等号，也不要把做研究与去企业工作对立起来。当然，研究做得好，可以读博士、当老师，也可以为自己在社会竞争中获得更好的发展奠定基础，这是人生加速度的源泉。两者相辅相成，没有任何矛盾。

下面这句话讲得很有道理："我们来上学的时候，拿着一麻袋钱，换了一麻袋书；我们毕业的时候，把这一麻袋的书卖了，卖的钱还不够买一个麻袋。"这句笑言，值得每一位大学生去反思一下，自己在大学里到底学到了什么？

学习研究思维方式的目的是什么？第一，如果学生以后想从事科学研究，那就必须掌握研究的基本流程，以更好地开展科学研究。第二，如果学生以后不想从事科学研究而去企业工作，也同样需要掌握科学研究的流程，以更有效地培养、提升、运用其创新思维能力。

1.2 管理研究的特点

开展管理研究既然这么重要，那么管理研究都有哪些特点呢？一般而言，管理研究主要具备如下八大特点（Sekaran 和 Bougie，2016：p19），分别是：目的性（purposiveness）、严谨性（rigor）、可检验（testability）、可重复（replicability）、精确可靠（precision and confidence）、客观（objectivity）、一般化（generalizability）和简洁（parsimony）。

第一，管理研究要有目的性。前文在界定"管理研究"一词的定义时就指出了管理研究是有目的性的，是为了解决一个特定的问题。

第二，管理研究的过程要有严谨性。也就是说，研究的过程在逻辑上要规范，不能有瑕疵。我们要保证研究过程是符合规范的，是按照标准流程来做的。

第三，管理研究的结论要可检验。研究的目的在于建构理论来解释现实，而能否解释现实就表现为：基于理论所推导出来的关系能否用现实中的数据来验证，以检验现实情况是否支持理论预测。也就是说，管理研究的结论需要有经验数据支撑。

第四，管理研究的结论要可重复。这与第三点相关，管理研究的结论不仅要可检验，还要稳健且能被复制。可重复是保证研究科学性的一个很重要的条件。研究所提出的结论（即知识）一定是可重复的，如果它重复不出来就不能称之为知识（知识是具有普适性的）。例如，在管理研究领域，现在有一个新的研究导向就是重复已有的研究，把前人做的研究再复制一遍（一般会用不同的样本），这本身也是一种贡献（为某一理论提供了更多的经验证据）。如果一项研究的结论重复不出来，那这项研究就是有问题的，不能称之为管理研究，其他学者也就不敢借鉴和引用这个研究成果。

做研究往往并没有办法自己去重复自己的研究，那怎么才能保证研究具备可重复性（科学性）呢？这个问题可以从两个角度来看：一是研究成果都需要时间来检验。通过同行评议发表出来的论文，一般从研究规范性角度而言，能够保证其科学性，也就是在作者所提供的样本中发现了这样的关系、支持这个理论，但能否推广到其他情景中则有待进一步研究的检验，故而很多论文在提及研究不足时都会指出这个局限性。二是实证研究一般都要求参照已有的研究来定义变量，特别是控制变量。我们可以将控制变量的作用与已有研究进行比较：如果控制变量所表现出来的作用效果与已有研究一致，那么我们也就更加相信这项研究是在已有研究的基础上完成的，且具备可重复性。

第五，管理研究的结论要精确可靠。对研究结论的描述要以数据为基础，保证精确；同时，为了提高结论的可靠性，还需要补充许多稳健性检验（robustness test）去排除可能的替代解释（alternative explanations）。这些工作都是为了提高研究结论的可靠性，而且也越来越被学术界看重。

第六，管理研究结论的汇报要客观。客观的意思就是不能带有主观色彩去评价一项研究，要以第三方的视角去解读研究结论，不能夸大研究的贡献，要清楚研究的局限性，也不能选择性地汇报支持自己观点的结果。例如，数据结果有些时候并不支持研究假设，这都要在论文中客观地汇报并做必要的讨论说明。

第七，管理研究的结论要能一般化。现实生活交织着各种错综复杂的关系，这使我们很难把握事物发展的规律。做研究的目的就在于发现普适性的规律，进而帮助我们更好地理解现实，透过现象看到问题的本质。那么，通过分析一些企业的数据而形成的结论也应该能解释另外一些企业中的情形，这就是研究结论的一般化。为了满足这一要求，有关中国企业的研究都要讨论其结论能否解释其他国家中的类似问题。

第八，管理研究报告要简洁。这是对管理研究论文写作的要求。论文是用于汇报如何开展某项管理研究工作而形成的研究报告，写作上要做到简洁、完整、明了。实际上，很多期刊现在都有篇幅限制，如果投稿超过篇幅限制都会被直接退回来修改。这就要求我们在撰写论文的时候，知道哪些信息是重要的、需要汇报的，并删除那些不重要的信息。管理研究论文写作是很重要的学术研究基本功。

总之，管理研究要有目的性、严谨性；结论可检验、可重复；对结论的汇报要精确可靠、客观；所得结论要可以一般化，能够推广；撰写的研究报告要简洁。这些特点与本书将要探讨的管理研究步骤都能对应起来。

1.3 假设推断型研究的步骤

管理研究的范式有多种，本书重点介绍的是如何做"假设推断型研究"（hypothetico-deductive research）。它是最重要的一种研究范式，包括八个步骤，如图 1-1 所示，这就是"研究的思维方式"（routine）。尽管这看上去是标准的学术研究的"八股文"流程，但对初学者来说很有帮助。下面简单介绍一下这些流程，后面还会详细讨论。

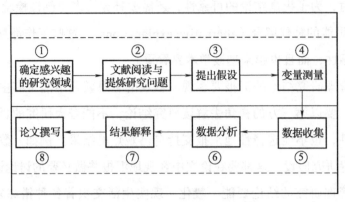

图 1-1 假设推断型研究流程

1. 确定感兴趣的研究领域

作为管理研究的起点,首先要找到一个"感兴趣"的研究领域。找到一个自己感兴趣的研究领域也不是一蹴而就的,或者天然就能找到的,这需要一个过程和一定的积累,然后才能发现自己到底对什么感兴趣。例如,笔者现在做有关企业社会责任的研究,而这并不是笔者读博时的研究方向。

简言之,选择研究领域的最简单方法就是以初学者所学的专业为基础,如人力资源管理、财务管理、会计学、市场营销等。当然,有的人可能会说"我学人力资源管理专业,但我不喜欢研究人力资源管理相关的问题",这也没关系,学术界现在特别鼓励开展学科交叉研究。如果有很好的人力资源管理专业背景,去做战略管理研究也是可以的,比如研究高管个人特征对企业战略的影响。所以,大家选择的研究领域不一定跟所学专业直接挂钩,不过很多时候还是要在自己的专业中找,因为在自己熟悉的领域里知识储备和深度思考会比较多,这对未来的研究更为有利。第2章将会专门讨论怎样去找一个感兴趣的研究领域。

2. 文献阅读与提炼研究问题

在确定感兴趣的研究领域以后,需要进一步细化,提炼出一个具体的研究问题,并能清晰地将其陈述出来。例如,企业社会责任相关问题,笔者觉得这个方向很有意思,这就是笔者关心的领域。不过,企业社会责任领域值得研究的问题太多了,方方面面涉及的因素也很多,没人能把这些问题都研究了,并且在一项研究中,也不可能涉及太多的问题。所以,当有一个明确的研究兴趣后,就需要进一步聚焦和细化自己感兴趣的问题,细化到能够明确指明拟研究的问题到底是什么(例如,研究A对B的影响)。这是第3章要重点讨论的问题。

在学术会议上，经常会有人问："你这篇论文是研究什么的？"如果你回答的是"我研究 A 怎样影响 B"，即能把研究问题细化到这个程度，那么这个研究问题就很清楚了。如果你只是回答"这篇论文是研究企业社会责任的"，那就太宽泛了。这只是个研究方向，而不是研究问题，别人听后不知道这篇论文具体研究了什么问题。所以，一个具体的研究问题必须是一个非常明确的问题，比如"研究高管薪酬如何影响企业社会责任的履行"或"研究企业社会责任如何影响企业的绩效"等。

从找到一个感兴趣的研究领域（第一步）到提炼出一个具体的研究问题（第二步），这是一个很大的跨越。很多时候，研究者会受到一些有趣现象的启发，驱动思考，从而最终提炼出具体的研究问题。例如，笔者所在团队为什么从 2010 年开始就一直做企业社会责任方面的研究，就是因为对企业在汶川地震（2008 年 5 月 12 日）后的捐款行为感兴趣。当时，笔者注意到一个现象：有的企业捐款了，而有的企业没有捐款。随后的研究就是从这些现象开始，笔者及所在团队思考、提炼其中的问题，进而完成了一系列研究工作。这里需要强调一点，做研究需要具备的一个重要素质，就是"透过现象看到问题的本质"。

如果能在某个领域中找到一个具体的研究问题，并把它清楚地呈现出来，那么第一步就成功了。随后，更高一步的要求则是：提出的这个问题要有"意义"。什么是有意义的问题？学术研究的意义一般包括两个层面：一是理论意义（或学术上的意义），二是实践意义。

理论意义是从理论角度而言的，这项研究做出来后对学术界是有贡献的，文章中所提出的观点是学术界没听过的，学者们都认可这项研究创造了一个新的知识。创造新的知识就是理论贡献，也就是这项研究的学术价值。而要达到这一要求，就需要很熟悉文献，并且通过文献综述能总结出现有研究中的文献缺口（literature gap）。第 4、第 5 章将会重点讨论这些问题。

实践意义是指研究所提出的观点能在实践中帮助企业解决一些很重要的问题。例如，我们都知道管理研究中著名的"霍桑实验"，这项研究是为了找到影响员工绩效的因素，并发现除工作条件（如照明）之外，"人"的因素（员工间关系）也是影响工作绩效的关键这一"新知识"，从而对随后的企业管理实践产生巨大影响。这项研究也就具备了很大的理论意义和实践意义。

3. 提出假设

提出有意义的研究问题以后，接下来要做的就是建立理论框架和提出假设。

例如，针对"高管薪酬如何影响企业社会责任的履行"这一问题，为了构建这个问题的理论框架并提出假设，就要根据自己的理解、逻辑和论据去论述高管薪酬的不同是如何影响企业履行社会责任的。这里我们会提出若干理由而推断高管薪酬与企业社会责任之间是正相关的，这就是一个关于"高管薪酬"和"企业社会责任"之间关系的假设（hypothesized relationship）；然后用一个框架图表示这一假设关系就构成理论框架图（高管薪酬 $\xrightarrow{+}$ 企业社会责任）。

从问题提出（第二步）到构建理论框架和提出假设（第三步）之间有一个核心要点，就是要把支撑假设关系的潜在机制（mechanism）论述清楚，进而能够让读者理解、接受文章的论述，认可这里的解释是有道理的、符合逻辑的，这是构成理论贡献的基础。理论贡献就是我们能有逻辑地去论述假设中所提出的概念之间的关系，能将概念之间的因果关系的发生机制说清楚，这就是一篇管理学论文可能创造的理论贡献所在。假设高管薪酬与企业社会责任之间是正相关的，那么它们之间的影响机制是什么呢？可能的解释是：企业高管的薪酬越高，那么其社会地位和社会影响力就会越大，进而承受的公众对其回馈社会、履行社会责任的预期就越高；更高的社会预期促使高管推动其所在企业承担更多的社会责任以维护个人声誉。这里最核心的机制就是高薪酬带来高社会预期，高社会预期推动企业去承担更多的社会责任。如果这个机制此前没有文献提出过，那么它就是新的知识，有可能构成理论贡献。这些是第6、第7章讨论的主要内容。

4. 变量测量

假设提出后，我们需要收集数据去验证、检验假设。为了验证假设，首先还需要给出测量假设中提到的那些概念（concept）的方法。例如，怎么测量上例中提到的"高管薪酬"和"企业社会责任"这两个概念？这时就需要将概念等价转换成可以测量的变量（variable），即对假设中提到的概念进行操作化（operationalization），从而给出明确的变量测量方法。这也是研究设计环节最为重要的一项工作。

当研究工作推进到"变量测量"这个环节后，我们会发现之前的研究工作都是停留在理论层面，关注的是概念之间的逻辑关系。在进入概念操作化环节并设计测量方法后，研究工作就转向关注可测量的变量之间的关系。第8、第9章将会重点讨论这些问题。

5. 数据收集

概念操作化的方法确定以后，就到了数据收集环节，这就要求能用恰当的方法收集数据。常用的数据收集方法有问卷调研、二手数据实证研究和实验室实验等。这些具体的数据收集方法也是相应研究方法课程的主要内容，第 10 章将会简单讨论这一问题。

6. 数据分析

对数据进行分析也是开展管理研究必备的技能。对很多初学者而言，研究工作往往会卡在这个环节，而这是很不应该的。在开展数据分析的过程中，需要熟练地掌握计量方法和运用计量分析软件进行数据分析，并要懂得一些必要的统计学知识。另外，刚开始做数据分析完全可以采用模仿的方式，参照标准的数据分析流程进行操作，这方面的图书非常多。当下比较流行的是运用 STATA 统计软件进行数据分析，我们要尽早熟练掌握。第 10 章也会简单讨论这个问题。

7. 结果解释

用数据分析的结果对假设进行检验，看它有没有支持我们所提出的假设。如果数据分析的结果没有支持假设，那就需要回过头去检查数据分析是否出了问题，理论推导是否存在问题，从而不断对数据分析或理论构建进行修正。另外，当下对于研究的稳健性要求越来越高，故而需要引入必要的检验来排除各种可能影响研究结论可靠性的因素。

8. 论文撰写

如果数据分析的结果支持了假设（当下还很难发表数据分析的结果完全没有支持假设的研究），那么下一步就可以进入论文撰写、修改和投稿环节。论文撰写实质上就是对以上各步骤研究工作的汇报、总结。好论文都是改出来的，本书将在后面进一步讨论这个问题。

以上就是标准的做管理研究的"八股文"流程。本书将重点讨论管理研究思维过程中的前四步（这几步不仅重要而且很难，现有学习资料最为零散）。在上述步骤之中，最核心、最重要的就是提炼研究问题这个部分（第二步）。

1.4 管理研究过程中的要点和难点

与其他学科的研究一样，管理研究本质上是"手-脑"结合开展的。我们需要手和脑的配合才能完成一项研究，既要善于动脑也要善于动手。如图1-2所示，从确定感兴趣的研究领域（第一步）到变量测量（第四步）主要靠动脑（by head）去思考；而从数据收集开始往后则主要是靠动手（by hand）去操作。"手-脑"合作，是完成一项研究的关键。光动手不动脑是不行的，光动脑不动手也不行，一定要"手-脑"并用。

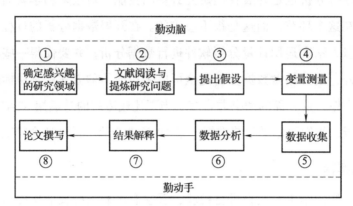

图1-2 管理研究手-脑分工图

就图1-2的研究流程而言，哪些步骤比较容易把握？有的人会觉得第六步（数据分析）比较容易，有的人会认为第一步（确定感兴趣的研究领域）比较简单。通常大多数人会觉得第一（确定感兴趣的研究领域）、第六（数据分析）、第七（结果解释）这几步比较容易把握。例如，第六步（数据分析）就是程序化的，什么样的数据就用什么样的方法来处理，这基本上是固定的套路；做什么检验以及如何做都有既定的规定，故而越熟练，处理、分析数据的效率就越高。

既然研究流程的不同步骤有难易之分，那么一项学术研究的价值是在哪个步骤体现出来的呢？应该是前四步，而不是后四步。因为大部分学者（如研究生、青年教师）经过专业的数据分析方法训练后，在数据收集、数据分析、结果解释等步骤都不会存在太大问题。中国学者在这几步掌握得都很好，毕竟数据处理相关的研究工作大都是很程序化、规范性的操作。实际上，大部分论文被拒的原因不会是后四步的"动手"做得不好，而是在前四步的"动脑"上出了问题。

在前四步中，找一个感兴趣的领域（第一步）并不难，我们至少可以根据导师的建议先确定一个方向。第四步很重要，涉及如何将假设中的概念进行操作化、转换成可量化的变量，这是开展实证研究的关键步骤。不过，如何进行概念的操作化有许多资料可供参考，甚至做实证研究还特别要求参考已有文献进行变量测量。那么，这一步相对第二、三步而言也就不那么困难了。

提出假设（第三步），这是一项研究的核心（贡献所在）。然而，我们很多时候在读一篇论文时，只是看一下题目就可以想象到作者所要提出的假设和理由是什么，而与作者"不谋而合"。退一步讲，大家随时都能说出几条理由来支持自己的观点。

其实，对管理研究而言，最重要也是最难的一步就是要提出一个既有趣又有理论和实践意义的好问题（第二步）。对开展管理研究而言，提一个好问题至关重要，甚至提出一个好的问题就成功了一半。本书将在第3章详细讲述如何提炼出一个兼具理论价值和实践价值的管理研究问题。

1.5 管理研究的知识储备

既然管理研究是这样一个思维流程，那么我们要想高水平地完成一项管理研究，就需要在三个方面做好知识储备，分别是对制度背景的了解、对文献的积累、对研究方法和工具的掌握。

1. 对制度背景的了解

所谓对制度背景的了解，就是对现实的了解。要把论文写在中国大地上，而研究中国问题就一定要首先了解中国，了解中国的历史、制度和文化，了解所关心的研究领域存在的现实问题。只有了解了中国的制度背景，才能透过现象看本质，提出一个比较有价值的研究问题，即把研究流程中的第一步和第二步处理好。反之，不了解现实就难以提出有（实践）价值的问题。例如，在国外，有关企业政治行为的研究非常热门，但这一主题的研究并不适合中国情景。了解制度背景，对于我们完成研究流程的第三步也很重要，因为很多时候我们在论述假设关系上要考虑中国情景。

2. 对文献的积累

如果说管理研究如同盖楼，那么文献就像盖楼房的砖一样，需要一点一滴地去积累。文献积累是我们高水平地完成第二步（文献阅读与提炼研究问题）、第三步（提出假设）和第四步（变量测量）的关键。科学研究都是站在前人的肩膀上往前走。只有通过积累文献，才能知道提出的问题是不是有理论意义和实践意义。所谓有理论意义，就是以前没有人做，或者以前有人提过但没有研究过，这就是理论意义。所谓实践意义,就是这项研究对企业而言很重要,能够解决实际问题。只有当我们有足够的文献积累时,才能知道到底应该往哪个方向去思考,以从现实中提炼出有价值的研究问题。

在做假设提出的论述时,不能凭空编造论据,而是要建构有逻辑的论述,而这些论述很多都是基于前人的研究构建起来的。例如,论文中会说张三做了什么,李四做了什么,所以把这些研究结合到一起,本文提出什么观点,往往都是按照这样的模式进行论述。

此外,文献积累也是指导完成第四步(变量测量)的关键。通常在量化假设中的概念而构建变量的时候需要有依据,对变量的定义和测量方法也需要有据可循,即要有文献支撑。实际上,这体现了实证研究的可重复性。

3. 对研究方法和工具的掌握

完成高水平的管理研究还必须熟练掌握研究方法和工具,这样才能保证完成数据收集、分析、假设检验等工作。而这往往是研究生的强项,因为他们能接触到的相关学习资料非常丰富、系统。

管理研究流程及其相应的知识储备如图 1-3 所示。

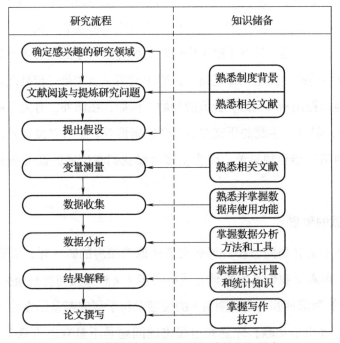

图 1-3 管理研究流程及其相应的知识储备

上述知识储备都做好之后，那就应该能够顺利地完成管理研究的第一至第七步。至于最后一步，撰写论文是单独的一项技能，同样非常重要；虽然入门不难（如把论文写出来），但是要写得好、写得精彩则是很难的。这里特别推荐研读 Academy of Management Journal（简称"AMJ"）上刊发的有关如何在 AMJ 上发表论文的系列文章，可以访问笔者的实验室网站（sslab.nwpu.edu.cn）资源下载栏目下载，文件名为"publishing in AMJ"。

按照重要程度来讲，对文献的积累最重要，它贯穿于整个研究的前四步，对制度背景的了解则贯穿于整个研究的前三步，对研究方法和工具的掌握则贯穿于整个研究的第五到第七步。所以，要做中国的管理研究，就需要从上述三方面去提升自己。现在，你就可以对照检查，想一想自己缺什么，那就是现阶段你需要抓紧时间去弥补的短板。这里有几种常见的情况：

- 没有想法，发现不了问题。这主要是因为不注意了解中国的制度背景和不关注现实生活中所发生的事情。
- 能够发现一些有趣的现象，但是无法提炼出研究问题。这往往是文献阅读量不够所致。
- 知道想研究的问题，但是数据分析工作推进很慢。这往往是不熟悉数据分析方法和不能熟练使用分析软件所致。

有个好想法很难，但是当我们想到某个好点子的时候，一定还有其他人也想到了。当我们因基础不扎实而缓慢地推进自己的研究工作时，就会在某一天突然发现相关的研究已经发表出来了。如果动手太慢，那最后成功的就不是我们。"手慢无"，这一点要牢记。

只有将三项基本技能结合到一起，我们才有可能独立地完成每一步。作为研究生，包括以后如果想独立地从事管理研究，那就要能够独立地完成这些步骤。当然，我们有时会发现，做研究经常会有合作者，合作的好处就是取长补短。不同的人可能会有不同的专长，可以分工协作，提高效率。但是，这并不意味着我们可以不懂其他部分，与他人合作的前提就是我们必须掌握整个流程，这样才有合作的基础。

1.6 管理研究思维的循环

1. 研究流程与论文写作

不管我们现在知不知道怎么样去具体地做研究，脑中都要有个研究思维流程图，熟悉怎样去做假设推断型研究，它的大致步骤是什么。这是本章的写作初衷。当前，学术界特别强调问题导向，也就是从现象出发，因而，我们首先要能发现现象背后值得研究的问题。接着围绕这个问题，我们还要能进一步细化并明确地指出研究的是什么跟什么之间的关系，进而有逻辑地说明它们之间到底是什么样的关系。然后我们要研究怎样去测量变量、收集数据、分析数据和解释结果，最后要撰写论文，如图1-4所示。

其实，任何一篇论文都是对管理研究流程中每一步工作的汇报。引言（introduction）部分（研究动机）重在介绍如何提出研究问题，理论部分主要介绍如何构建理论框架和提出假设，方法论部分介绍样本收集和变量定义，结果部分着重介绍数据分析结果和假设检验情况，讨论部分说明研究的理论贡献和实践意义。

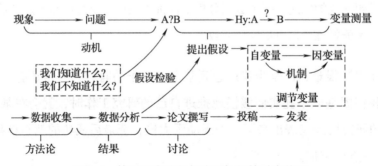

图1-4　管理研究流程与论文框架的对应关系

论文的第一部分是引言部分，要重点介绍：我们知道什么和不知道什么，是怎么思考并提出这个问题的。这主要对应的是研究流程图中第一、第二步的内容。在论文写作过程中，引言最重要。要想抓住读者的眼球，须让读者在看引言时就有兴趣。所以，我们又将撰写引言称为"抓眼球"（setting the hook）（Grant和Pollock，2011）。

论文的第二部分是理论部分，对应的是研究流程图中第三步的内容。这里有时会有一个文献回顾环节。在这一部分，我们要陈述概念之间是什么关系、什么条件下会发生怎样的变化，要能够清楚地构建出自己的理论。

论文的第三部分主要涉及方法论部分的内容，对应研究流程图中的第四、第五步的内容。这里主要围绕假设部分所提出的概念关系，介绍怎样去选择样本，怎样测量变量，怎样收集数据。

论文的第四部分就是结果部分，主要涉及研究流程图中的第六、第七步的内容。在论文中，我们要汇报我们的数据分析结果，并根据结果是否支持假设讨论本研究对理论和实践有什么样的价值。

论文的最后一部分是讨论部分，对应研究流程图中第八步的内容。实际上，论文撰写就是汇报整个研究过程中每一部分的工作要点。论文最后都要附上一份参考文献，这里列出的就是在研究过程中，我们基于谁的研究来做的本研究。

当把研究成果写出来以后，我们需要汇报给同行听取意见，然后不断地完善、修改，直到觉得可以投稿了。在投稿过程中我们会收到很多反馈意见，最后审稿人、编辑满意了才能发表出来。发表出来的论文实际上就是介绍我们的研究工作，供其他学者或读者参考、学习。如果我们这项研究是有价值的，那么他人就愿意去阅读，了解这个过程和研究的结论。

2. 管理研究循环

管理研究流程如图 1-5 所示。

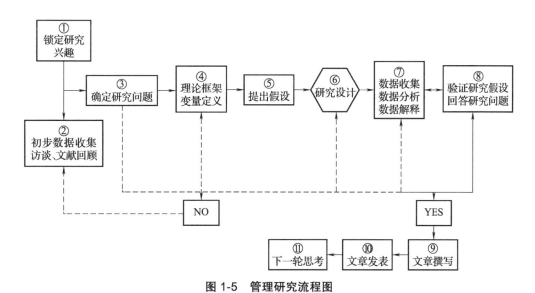

图 1-5　管理研究流程图

管理研究的整个过程虽然只有八步，但是思考本身是最重要的。同时，如果整个思维流程中的每个步骤之间都是双向箭头，则意味着在整个研究流程中可能经常需要往复。当发现其中的某一步有问题时，就需要返回。例如，当确定研究方案后开始收集数据，但发现有些数据无法获得，这就需要返回调整研究方案；当分析数据发现结果与假设不符合（这也是实证研究经常会遇到的问题）时，就需要回头去检查数据收集、分析有没有问题，假设提出的逻辑是否存在疏漏，等等；在撰写论文、投稿的过程中，也需要结合审稿人的评论意见修改论文，这一过程中往往还需要调整假设、重新整理数据、分析数据。当论文最后顺利发表出来时，意味着一个研究项目的结束，也意味着另一个研究项目的开始。

总体而言，研究的脉络基本上就是这样一个循环往复的过程。因为当我们投入某项研究解决某个问题时，还可能会发现其他问题有待进一步探讨。这也推动我们将研究工作不断推进下去，周而复始。管理研究就是这样的循环，每天做的就是在管理研究流程中往复去做每个阶段的工作。管理研究是一个螺旋式上升的过程。随着研究工作的开展，我们也会对问题的理解更加深入，这样才能提出一些新的问题，进而通过研究创造出更多新的知识。

▶ **思考与练习**

1. 根据所学知识，写下几个感兴趣的研究领域，并尝试提炼出研究问题。
2. 什么是管理研究？
3. 管理研究的特点是什么？
4. 管理研究的流程是什么？最重要的是哪个环节？
5. 研究生阶段学习与本科阶段学习的本质区别是什么？
6. 为什么说管理研究是螺旋式上升的？
7. 从事管理研究需要做好哪些知识储备？

第 2 章
发掘研究价值

本章的主要目的是介绍发掘研究价值的基本方法与技巧。主要内容包括：确立研究价值的标准，明晰确立标准才能有效挖掘出有价值的研究问题；选择研究兴趣点，结合研究兴趣，有助于高效地确定研究问题；搭建 ABC 模式框架，掌握如何运用该框架确定有价值的研究问题。

2.1 确立研究价值的标准

在管理研究的流程中可能比较难的是第二步（提出问题），即从一个大的研究领域里发掘出一个具体的、有价值的研究问题。这里有几点要求：第一，这个问题必须是重要的；第二，这个问题必须是新颖的；第三，这个问题的研究是可行的。

1. 重要性

判断一个研究问题是否重要有两个学术标准。首先，从理论的角度来看其重要性。就某个研究领域而言，对这个问题的研究能够解决一个重要的理论问题，这样就具备了理论上的重要性。比如在企业社会责任领域，一个很重要的问题就是"做好事的企业能够得到好的绩效吗"。也就是说，理论上需要解释企业履行社会责任为何能给企业带来好处，这是一个非常重要的问题。而 Godfrey（2005）给出了企业社会责任发挥保险作用的解释，即对履行社会责任的企业而言，利益相关者对企业无良行为的负面反应会减弱。这一研究也成为该领域重要的理论支柱而被广泛引用。随后，Godfrey、Merrill 和 Hansen（2009）也做了一项实证研究支持了这一理论而给出了重要的经验证据。但是，Shiu 和 Yang（2017）则提出企业社会责任的保险作用只在企业第一次做坏事时生效；如果企业后续还做坏事，企业履行社会责任就无法起到保险作用。这一研究也由于为全面认识企业社会责任的保险作用提供了一个新的维度而同样很重要。以这一理论为起点，后续还有许多重要的问题值得探讨，例如，企业履行社会责任何时能够起到保险作用等（Wang、Gibson 和 Zander，2020）。

2. 新颖性

新颖是要求研究问题具有创新性，即这个问题此前没有学者研究过，但又很吸引人，让人很好奇。比如研究企业慈善行为，该领域有个很重要的问题就是为什么有的企业会捐款，而有的企业则不会。那是不是公司资产规模越大越会捐款？这样就会考虑研究资产规模与慈善捐款之间的关系，这也是一个具体的问题。但是，这个问题不新颖。因为从理论上讲已经有很多文献研究过并给出了解释，所以再给其他学者讲这个研究就没有新意了。另外一个例子是有关企业创新的研究中，学者们都很关注 CEO 的特质对企业创新行为的影响。Sunder J、Sunder S 和 Zhang（2017）就从一个很独特的视角，即分析有飞行员执照的 CEO 所在公司是否创新绩效更好。这篇论文的标题是"Pilot CEOs and Corporate Innovation"。像这样新颖的研究就非常夺人眼球。又如 Mishina、Dykes、Block 和 Pollock（2010）做了一项为"Why'Good'Firms Do Bad Things"的研究，关注的问题是"为什么好公司会做坏事"，这也是一个很新颖的问题，出人意料，耐人寻味。这篇文章也因此荣获 *Academy of Management Journal* 年度最佳论文奖。

3. 可行性

研究是不是可行？简单地说就是一项研究能否做出来。因为很多时候研究者们会有很多好的想法，但是有些研究就难以实现。大家读文献就会发现，很多关于上市公司的研究都是从投资者的角度做的，而很少看到研究上市公司决策如何影响消费者、员工的行为，这方面的研究很少。不是说员工的反应不重要，例如，企业慈善行为能不能提高员工生产效率（Tonin 和 Vlassopoulos，2015），这个问题是很重要的，很多企业也乐于去参与公益。那么企业做公益能不能让员工更爱岗敬业？企业高管是关心这个问题的，但这样的研究相对于研究投资者的行为而言要少得多。这里关键的问题在于很难获得员工层面的数据而无法度量员工行为,特别是想做大样本研究几乎不可能。上市公司几乎不披露有关员工的详细数据,而有关投资者的数据可以从股票市场很容易得到。

当然,现在有一些很巧妙的研究办法可以避免这个问题,从而基本上能保证只要想到一个重要、有新意的问题,就有途径来获得数据,而不会因数据问题而导致研究无法开展。

2.2 选择研究兴趣点

在确定一个有价值的研究问题之后,后面的研究工作就都顺理成章、水到渠成了。那么,如何才能找到一个有价值的研究问题呢?

做任何研究,一定要找到研究的关注点。关注点可以是企业层面,也可以是员工层面,或是其他层面。工商管理学科的研究无外乎两个层面:员工层面和企业层面。所谓员工层面即关注员工的行为,而企业层面则关注企业的行为。所以,做研究之前就要先明确一点,我们到底对什么感兴趣,想研究哪个层面的行为。

如果研究的是企业层面的行为,那企业行为有哪些呢?从会计角度来看,它包括筹资、投资、资金的运用与管理;而从公司治理角度来看,则包括信息披露、高管激励等。例如,关注的是企业营销层面的行为,那么如何定价、宣传等就是研究的关注点。也就是说,如果研究定位在企业层面,那么实际上就是关注企业层面的某一个具体行为。又如,关注的是员工层面的行为,即人力资源或组织行为研究方向关注的问题,相关的员工行为就包括离职、生产效率、出勤率、员工与上级的关系等。

总之,在确定研究问题前,要想明白一点:研究到底关注哪个层面的什么样的行为?也就是说,从某个现象中所提炼出的研究问题一定是针对某一个我们所感兴趣的行为提出来的,这也是从同一个现象出发,不同的人提出的问题不同的原因。现实中,某一个现象背后可能由很多不同的行为交互作用而形成。因此,研究到底关注现象背后的什么行为,这是首先需要确定下来的。

例如,汶川地震后有这样一个现象:很多上市公司捐款了,也有一些公司没有捐款。一些没有捐款的公司被网友指责为"铁公鸡",这些公司随后也追加了捐款。在观察到这个现象以后,就可以思考这里有没有值得研究的问题(能发现现实生活中感兴趣的现象本身也是研究能力的一种表现)？那么，首先就得确定在这个现象中到底关注哪个层面的什么行为。在这个例子中，我们既可以关注企业的捐款行为，也可以关注企业员工的行为和网友的反应。

又如，2018年7月媒体曝光长生生物生产问题疫苗事件。报道提到企业生产的疫苗是假的，而且生产了好多年。关注到这个现象后，有什么问题值得研究呢？这个问题疫苗事件的发生是很多因素交织在一起共同作用的结果，这里既有企业的问题，也有政府监管的问题。在这两个研究兴趣点中，前者聚焦在企业内部（对内关注于企业为何做坏事），后者则聚焦在企业外部（对外关注于企业如何逃避政府监管）。

我们还可以从员工层面思考这个问题：这是一家上市公司，有几千名员工，不可能一个人都不知道公司生产假疫苗的事，却无一人揭发，直到媒体曝光。那么之前为什么没有内部人站出来揭发这件事呢？难道他们不知道这是一件危害社会的事吗？从这个角度出发，我们就可以切入员工举报或员工沉默方面的研究。内部员工并没在这个问题上主动揭发公司的无良行为，但是很多准备上市的公司已经把招股说明书递交到中国证券监督管理委员会（以下简称"证监会"）了，却被内部人举报上市材料造假。这就启发我们思考：为什么公司在上市的时候会遭到内部人举报，但是在正常经营的时候却很少被举报？

总结一下：就这个问题疫苗事件而言，如果关心的是企业层面的行为，那么关注点可以是企业的无良行为或企业的腐败行为；而如果关注的是员工层面的行为，则关注点可以放在员工举报（沉默）行为上。

2008年的毒奶粉事件，在新闻媒体曝光三鹿婴幼儿配方奶粉中添加了三聚氰胺后，其他乳品企业也相继被查出存在同样的问题。这一事件导致整个中国的乳品行业声誉严重受损。与之类似的是2011年曝光的瘦肉精事件，导致中国整个肉制品行业受损严重。那么这两个事件都有哪些有价值的关注点？它们有一个突出的相似点，即一家企业被曝光无良行为后同行业其他企业（哪怕是无辜企业）也受到负面影响，而后会慢慢恢复。那么，就企业层面而言，就有两个关注点：一是企业无良行为的传染，二是无辜企业的恢复。这两个问题都非常有价值，一个是关于危机外溢的问题，另一个是关于危机恢复的问题，都是属于危机管理领域非常前沿的研究课题。感兴趣的读者可以看一看笔者发表的论文（Jia 和 Zhang，2016）。

2020年新冠肺炎疫情爆发后，许多上市公司积极捐款捐物，履行社会责任。这一现象与2008年汶川地震后企业的捐款行为有相似之处，但是也有明显的不同：疫情之后，捐物的企业更多，这说明什么？是否可以聚焦到企业履行社会责任的方式选择上去做一些研究呢？

同样一个现象，如果关注点不同，最后提炼的问题自然也会不同。所以，当我们看到任何一个现象时，首先要搞明白一点，就个人而言最感兴趣的是哪个层面的什么行为？先把兴趣点想明白了，后面的问题提炼工作就好开展了。

2.3 搭建 ABC 模式框架

当确定一个兴趣点后，就可以经过思考提炼出一个有价值的研究问题。尤其是当有了足够的文献积累之后，根据兴趣点来确定研究问题就是水到渠成的事情。这里就可以运用"ABC 模式"来帮助选择、确定研究的具体问题。

所有管理研究可以归结为两大类：有关前因的研究和有关后果的研究，也就是研究某一行为（behavior）产生的前因（antecedents）或后果（consequences），这就是 ABC 模式。当我们确定一个研究兴趣点也就是这里的"B"以后，接下来就可以考虑是研究前因"A"还是后果"C"，从而缩小选择范围；进一步，在前因"A"或后果"C"的研究中也有一个可以参考的模板帮助确定具体的切入点。例如关注某个前因"X"的影响，那么很自然就可以确定研究的问题是前因 X 如何影响行为 B；而如果关注后果 Y 是如何产生的，那么研究的问题就是行为 B 如何影响 Y。如此这般，就很容易确定一个研究问题。

随后，就是如何确定研究哪个前因或分析哪个后果是有价值的问题。这里就可以结合选择研究问题的"重要性、新颖性和可行性"三个标准进行判断。结合 ABC 模式，可以进一步采取排除法来确定研究问题。我们如果知道已有研究都研究了哪些前因 X 和哪些后果 Y，并结合自己对现象的分析和思考发现忽略了某个前因 X 或后果 Y，那么针对这些新因素的研究所提炼出的问题就很可能满足重要性、新颖性和可行性的要求，从而得到一个有价值的问题。注意：这里说的是很可能，原因在于这样提炼出的问题一般都具备新颖性和可行性，而是否重要则要从理论贡献角度做进一步评判，不是说没有人做过的研究就一定是重要的。例如，前面提到的飞行员 CEO 与公司创新绩效间关系的研究（Sunder 等，2017），是很新颖，但是真的很重要吗？难道建议公司招聘 CEO 的时候问一下有没有飞行员执照？

下面就以笔者所关注的企业行为——企业社会责任来说明如何运用 ABC 模式来提炼研究问题。通过大量阅读文献，我们可以套用 ABC 模式对已有研究做个总结，如图 2-1 所示。

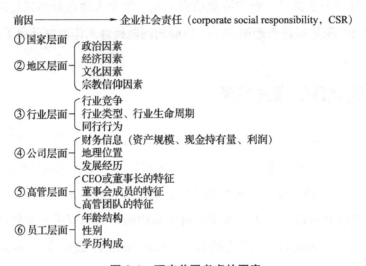

图 2-1 研究前因考虑的因素

1. 前因（A）研究

在分析某一行为（如 CSR）产生的前因时，一般可以选择"由外而内"的顺序来考虑这些影响因素，分别从国家层面→地区层面→行业层面→企业层面→高管层面→员工层面等这些不同层面来挖掘可能的影响因素。这样就能够尽量把所有影响因素都考虑到。

（1）国家层面。在国家层面，一般是研究国际商务（IB）相关的问题。例如，我国现在提出了"一带一路"倡议，就可以研究海外中资企业在"一带一路"沿线国家的投资、并购、履行社会责任等企业行为。那么，在国家层面，例如东道国的政治体制、经济体制，东道国与母国的制度、文化距离等因素都会影响到跨国公司如何在海外开展经营活动，如何履行社会责任。这方面也是当前国际商务领域的热点。

（2）地区层面。地区层面的因素，主要涉及政治、经济、文化以及宗教信仰等方面。由于我国幅员辽阔，各个地区在这些维度上差异很大，故而可以分析这些区域因素如何影响企业行为（如 CSR）。例如，经济越发达的地区，当地企业履行 CSR 越积极吗？或者，当地的宗教氛围对企业履行 CSR 有何影响（Du 和 Zeng 等，2016）？这一层面的影响因素并不是在所有国家都适用，例如，我国天气预报要播 5 分钟，在日本可能就一句话：全国晴天。如果某个国家没有这样的区域差异，那么地区层面的因素也就不那么重要。

（3）行业层面。在行业层面，主要关注行业竞争、行业类型、行业生命周期和同行行为等。例如，行业竞争越激烈，公司履行 CSR 的投入是越高还是越低？相对于竞争性行业中的企业而言，垄断行业的企业履行 CSR 是越积极还是越消极？如果同行履行 CSR 越积极，会如何影响本企业的 CSR 战略？对这些看似普通的问题的研究成果，2019 年在 *Management Science* 这一 UTD24 顶级期刊上发表了（Cao、Liang 和 Zhan，2019）。

（4）公司层面。公司层面则主要关注公司的一些财务信息，如资产规模、现金持有量、利润等，以及公司股权结构、成立时间、发展经历等因素对企业社会责任的影响。除此之外，诸如公司总部的地理位置也都是被考虑的因素。总之，只要是与公司特征相关的因素都属于这个层面。

（5）高管层面。大家最喜欢研究高管层面的影响因素。从公司治理角度来看，高管层一般指的是董事会和公司的高级管理者，包括董事长、董事会成员和 CEO、CFO 等高级管理者。这个群体是公司战略决策的制定者，故而对公司的行为决策产生直接影响。就这一层面的影响因素而言，一般根据研究所关注的具体决策制定者的不同又可以分为三类：CEO 或董事长的特征、董事会成员的特征、高管团队的特征。

如果大家相信个人的特征（如性格、家庭背景等）会影响到个人的决策和行为方式，那么公司的董事长和 CEO 在制定决策的时候同样也会受到其个人特征的影响而各有不同，这就是高层梯队理论的观点（Hambrick 和 Mason，1984）。当研究董事长、CEO 的特征如何影响企业行为（如 CSR）时，可以考虑的因素非常多。这里总结一下，可以根据这一特征是否与生俱来分成两大类：先天带来的特征和后天习得的特征。

第一，先天带来的特征。所谓先天带来的特征就是伴随出生就有的个人特质。

一是性别。很多人研究女性高管、男性高管如何影响企业的决策，例如，研究女性 CEO 所在公司是否捐款更多。

二是人一出生就决定了出生日期，而生日不同的人是否决策、行为方式也不同。2019 年就有一篇发表在国际顶级期刊 Journal of Financial Economics 上的论文，研究的是基金经理在 9 月份以后还是 9 月份以前出生是否影响其所管理基金的绩效（Bai、Ma 和 Mullally 等，2019）。通常越自信的基金经理所管理的基金绩效也越好。那么，对比 9 月份以后出生和 9 月份以前出生的基金经理，哪一位基金经理更为自信？作者认为 9 月份以后出生的人更自信，理由是他在上学的时候比班上的同学年龄要大一些（例如在我国，9 月 1 日出生的孩子上学的时候比 8 月 31 日出生的孩子要整整大一岁）。这些孩子在班上也会显得比较壮、身材更加高大，这些生理因素上的优越感会让这些孩子更加自信。在这种环境下成长的孩子，从小就培养出自信心，加上智力比别的同学发育更好一点，学习成绩也会更好。久而久之，这样的孩子就更容易培养出自信的个性。等这样的孩子长大成为基金经理后由于受到个人性格影响，购买股票会更加自信从而得到更好的绩效。大家是否接受这个解释呢？另外，一个人的生日还蕴含了许多其他信息，如星座、生肖等。

三是一出生就决定的还有出生地，这个对于个人性格的形成也很重要。我们出生在哪个地方，受到当地文化习俗的影响，个人的行为习惯也就不一样。北方人喜欢吃面，南方人喜欢吃米饭，这也会带来很多性格、行为上的差异。喜欢吃辣椒的人与喜欢喝汤的人的性格、行为就不一样，故而也会影响到其经营企业的风格。有一项研究就指出，吃淀粉多的人与吃淀粉少的人在社会行为上表现不一样（Strang 等，2017）。淀粉摄入量比较大的人更有公平感，因而更会抵制不公平的提议。

高管的出生地信息中蕴含了很多有价值的信息。笔者觉得有些问题颇值得研究，且还只能在中国做，在其他国家做不了。例如，从饮食习惯角度来看，美国只有一个菜系，就是西餐，在美国所有的地方吃西餐，味道都是差不多的。但在中国，不同地区的饮食习惯和菜系风格差异很大。所以就有这样一个问题：公司高管在怎样的环境下长大，会如何影响其经营企业的方式？

四是个人与生俱来的还有家庭环境。高管的家庭成员及其构成、高管在兄弟姐妹中排行第几这些都会影响个人性格的形成。排行老大或排行老二的人成为 CEO 后经营公司的行为模式就不一样。Campbell、Jeong 和 Graffin（2019）指出，排行老大的高管就比排行老二的高管更不愿意承担经营风险（risk-taking）。

第二，后天习得的特征。它包括学历、专业背景、各种生活经历（如从业经历、从军经历、灾害经历等）和社会关系（校友）等。社会关系是个人社会属性的重要维度，也是典型的需要后天积累而形成的个人特征，例如跟谁是朋友、认识谁、跟谁是校友等。再如人生成长过程中受到了一些冲击、经历了一些突发的重大事件等都会影响个体的行为模式。Bernile、Bhagwat 和 Rau（2017）研究指出一个公司的高管如果在成长过程中遭受过重大的自然灾害，那么当他成为 CEO 以后会更加愿意冒风险。很多亲身经历过"9·11"事件的人，在其死里逃生后行为习惯发生了改变。例如，有一位在世贸大厦上班的工作人员自述，在经历过"9·11"事件以后他变得喜欢赌博。

后天习得的个性特征中，属于个体心理层面的因素也特别多。例如，自大、自恋、自傲等都是个体层面的心理特质。自恋的 CEO 喜欢把自己的个人照片在公司年报中放一整版，这也是衡量 CEO 自恋水平的一种方式。有研究也表明，自恋的 CEO 会非常愿意履行 CSR，因为这样做能够提高他的个人声誉（Tang、Mack 和 Chen，2018）。因此学习一些心理学的知识对于开展管理研究特别有帮助。管理研究流程中提出假设这个部分很多的论据都是从心理学中借鉴过来的，因为很多时候解释概念之间的关系都会涉及个人感知、决策和行为等，因而不可避免要去分析决策主体的心理过程，例如 Mishina 等（2010）获得 AMJ 年度最佳论文奖的论文就用到了很多心理学知识来构建假设。与管理学研究密切相关的心理学方面的知识主要涉及认知心理学和社会心理学两个方面，尤其是社会心理学特别重要。社会心理学研究外界环境如何影响个体行为。

就董事会的特征而言，在董事会层面的研究中更多的是关注董事会的构成，即董事会成员在某个特征维度上的人数比例。例如，有多少男性董事、平均年龄是多少、出生在当地的董事有多少等。也可以将此前介绍的有关董事长、CEO 个人特征层面的因素借鉴过来，从而设计出更多的董事会层面可以考虑的因素。

除了关注董事会构成外，还有一个比较热门的研究点就是关注公司董事会、高管团队中不同董事、高管之间的交互（私人）关系（Shi、Zhang 和 Hoskisson，2019）。此前关于高管个人特征的考量更多的是把每个董事、高管理解为独立的个体，而没有考虑他们之间的相互关系（例如，董事长与 CEO 之间的关系是否融洽），未来的研究可以重点关注这个方向。

有关高管层的个性特征同样可以套用前文所述的相关因素。除此以外，在高管团队里面还可以关注几个关键职位的人之间的相互关系，如 CEO 和 CFO 之间的相互关系。Shi 等（2019）就研究 CFO 向 CEO 献媚如何影响 CFO 的报酬。这一研究发现一个很简单的道理，CFO 越是讨好 CEO，那么 CFO 在公司里拿到的工资就越高，且越不容易被炒掉，这很容易理解。这个研究的亮点就是怎么样去衡量 CFO 献媚，作者找了一个非常有意思的概念操作化方法，关注的是公司新闻发布会上 CFO 如何发言。每次新闻发布会 CEO 先讲，然后 CFO 讲，进而观察 CEO 讲完以后，CFO 的讲话里有多少是引证的 CEO 的讲话。二者讲话的一致性越高，就表示 CFO 越讨好 CEO。

（6）员工层面。有关员工层面影响因素的研究更多的是把公司员工看成一个整体，比如分析公司员工整体的年龄结构、性别、学历构成等，实际上就是关注员工的多样性，或者员工多样性如何影响企业行为。

综上所述，这些基本上就是管理研究目前常涉及的前因因素。那么，如何才能找到一个在理论上和实践上都有价值的有关前因的研究问题呢？答案是多读文献、多思考。

- 多读文献是为了了解和掌握前人已经研究了哪些前因，哪些前因尚未被考察。
- 多思考则是结合已有文献去思考新的前因因素，加深对相关研究问题的认识与理解。

总之，对刚刚起步的研究者而言，首先要做的工作就是大量地阅读文献。研究者通过阅读文献将这个框架里面的内容填充起来，了解哪些前因因素是已经被研究过的，再进一步结合自己的思考，参照前文所述思路去发掘新的前因因素。如此看来，若想做有关前因的研究，寻找一个有价值的研究问题并不像很多初学者想象的那么难。

2. 后果（C）研究

如果想研究某一行为所产生的后果，那么这个后果一定是作用在一个实体身上并对这个关联的实体产生直接影响。例如，研究员工行为所产生的后果一般都是考察对其他员工或领导所产生的影响。而通常战略管理研究所关注的实体就是企业的各种利益相关者。那么，有关后果的研究就是关注企业行为如何对众多利益相关者产生影响。这里以研究企业社会责任（CSR）行为的后果为例加以说明，如图 2-2 所示。

企业社会责任（CSR）⟶ 后果
① 投资者　⑥ 供应商
② 消费者　⑦ 政府
③ 员工　　⑧ 社交媒体用户
④ 社区　　⑨ 媒体
⑤ 金融机构

图 2-2　研究后果考虑的因素

首先，企业的利益相关者都有哪些？利益相关者是指与企业产生直接或者间接相互影响的行为主体。按照这一定义，企业的利益相关者通常包括投资者、消费者、员工、社区、金融机构、供应商、政府和媒体。当然，随着社交媒体的兴起，虚拟利益相关者也会对企业产生重要影响，如网友、"粉丝"等。厘清利益相关者的类型后，研究企业行为的后果只需要关注特定利益相关者的反应即可，这就需要知道利益相关者通常会采取什么样的行为反应。

（1）投资者。会计和战略管理领域的学者都很关心投资者的反应和行为。投资者最典型的行为就是买卖股票。除了买卖股票，投资者还参与公司的决策。那么就可以研究企业的行为如何影响投资者反应（如买卖股票、参与公司决策等）。例如，如果一家企业积极履行社会责任，那么投资者更愿意购买其股票吗？投资者更愿意业绩不佳的 CEO 留任吗？我们可以用一个简单的式子来表示研究问题：$B \rightarrow C$。B 表示关注的企业行为，C 表示该行为产生的后果。所以，只要首先搞清楚利益相关者都有什么样的行为，随后要做的工作就是套到这个框架中来。一般而言，利益相关者的行为是较为固定的，且在已有文献中已得到了充分的研究。例如，对于投资者反应而言，已有很多文献做了 CSR 如何影响股票的收益、CEO 连任、公司在投资者心目中的形象等方面的研究。

（2）消费者。市场营销领域的学者关注消费者的反应和行为。消费者的行为体现在许多方面，如购买意愿、满意度、品牌忠诚度等。市场营销领域对这方面有充分且详细的研究。比如一家公司如果积极履行社会责任，能否提高消费者的购买意愿、品牌忠诚度和满意度呢？这些问题在市场营销领域有很多人在研究，而这实际上就将传统的研究领域（公司战略）拓展到了另外一个研究领域而形成交叉学科（公司战略＋市场营销）。

（3）员工。人力资源和组织行为领域的学者关注与员工行为相关的研究。以前研究企业社会责任（CSR），大部分关注的是 CSR 对公司外部利益相关者的影响，可称之为宏观层面的 CSR（macro CSR）研究。而若要研究 CSR 对公司员工的影响，实际则是基于内部视角，关注的是微观层面的 CSR（micro CSR）研究。此时可以研究 CSR 对员工的生产率、忠诚度等的影响。这样不仅可以找到很多问题去做研究，而且也可以将 CSR 研究拓展到人力资源和组织行为方向，从而吸引更多相关学者加入。例如，*Management Science* 就发表过文章研究 CSR 对员工生产率的影响（Tonin 和 Vlassopoulos，2015）。

（4）媒体。这里的媒体主要指纸面媒体或者传统媒体。媒体的行为主要是如何报道公司，研究最为广泛的是媒体报道公司的量和态度这两个维度。所谓报道量指的是媒体报道公司的新闻数量，如报道 100 篇、200 篇、300 篇等，这是一个量的概念。而媒体报道公司的态度，比如正面还是负面，正面的新闻多还是负面的新闻多等，反映的是媒体对公司的态度。那么，从企业行为如何影响媒体报道角度出发，就可以研究：一家履行社会责任的公司，或者一家积极捐款的公司，能够得到更多的媒体报道吗？媒体报道这种积极履行社会责任的公司的态度更正面吗？

（5）社区。社区作为利益相关者，最典型的一个行为是抵制。社区的抗议和抵制有很多人研究（如 McDonnell 和 King，2013）。那么一家积极履行社会责任的公司是会得到社区的支持还是抵制呢？企业社会责任研究中通常都有一个假定，认为企业履行社会责任能够得到社区的支持，进而有利于企业开展业务从而提升企业绩效。这个逻辑在很多文献中都出现过，但是相关的直接的经验证据却不多，这里就涉及研究可行性的问题，毕竟想获得社区层面相关的数据很困难。

（6）银行。财务管理、会计领域的学者较为关注银行的行为和反应。该领域研究比较多的银行反应包括贷款利率、贷款期限等。那么，一家积极履行社会责任的公司的银行贷款利率是更低还是更高？大部分研究认为企业履行社会责任会降低银行贷款利率，更容易获得贷款，因为银行觉得这样的公司更靠谱，都愿意将钱贷给该公司（Gross 和 Roberts，2011）。

（7）供应商。运营管理领域的学者特别关注供应商的行为和反应。与供应商相关的行为包括供应链绩效、合约签订、合同期限等。如果公司积极履行社会责任，那么供应商更愿意跟它签长期合同，还是短期合同？长期合同的好处很多，可以降低交易成本，提高合作效率，但是前提是需要双方相互信任。而履行社会责任的公司是否可以更加容易地获得供应商的信任？这些都是很有趣的学科交叉问题。

（8）政府。政府作为企业的利益相关者，是战略管理、会计领域学者关注的热点。一般而言，政府行为较多，包括政府补贴、处罚、视察、监管等。履行社会责任的公司能够得到更多的政府补贴（张敏、马黎珺和张雯，2013）、官员视察（罗党论和应千伟，2012）和更少的政府监管吗？如果一家积极捐款的公司污染了环境，政府会如何处罚它？这方面的研究最近也开始兴起。

（9）社交媒体用户。随着社交媒体的兴起，越来越多的来自各个领域（战略管理、会计、市场营销）的学者提升了对于社交媒体用户（如网友、"粉丝"）行为和反应的关注。社交媒体用户常见的行为包括转发、评论、点赞等。就社交媒体用户评论行为而言，可以关注评论的量、评论的态度（正面或负面）等。那么，企业履行 CSR 如何影响社交媒体用户的行为呢？一家企业如果积极履行社会责任，能够吸引社交媒体用户给出更多、更正面的评论吗？这家公司是否会吸引更多的"粉丝"，是否会有更多的人愿意在公司的社交账号上点赞？

至此，我们已基本将管理研究通常涉及（以企业社会责任研究为例）的研究问题都罗列在这里了。需要注意的是，我们提出的 ABC 框架是具有普适性的。无论大家的关注点在哪里，任何一项研究、一篇文献都可以归集到这个框架中的某一个维度上。例如，如果是研究前因的文献，那么所分析的影响因素就会落在本书总结的某一个层面上；如果是研究后果的文献，那么也一定会落到关注某一类利益相关者的反应上面。但是如果读的是顶级期刊上的论文，那么其所考虑的因素或利益相关者的反应可能是我们所没有想到的，如新的影响因素或新的反应行为。

总之，我们在阅读文献时，需要注意努力把自己所关注的某一企业、员工行为的研究体系丰富起来。在选择研究问题和切入点时，我们要基于所关注的有趣现象去选择一个具体的企业、员工行为，如企业社会责任、兼并收购、员工的学历构成等；然后参照所给出的 ABC 框架去整理已有文献，在此基础上提出有价值的研究问题，提出的问题越新颖、越"反常识"（counter-intuitive），那么就越有价值。

2.4 运用 ABC 框架确定有价值的问题

在 ABC 框架里，中间部分（B）所指的行为可以换成研究者所关注的各种行为，但是其他部分（A&C）的结构基本上就是如此，无须做大的调整。按照这个框架，如果确定的一个关注点（B）是新的而没有被研究过，那么就可以说是发现了一座学术"金矿"，因为从任何一个点（维度）引到这个行为上面都是新的问题，通过研究这些问题都能获得新的知识。例如，员工举报行为方面的研究就很少，随便选一个点去做研究都是吸引人的。如果我们很幸运能发现这样一个关注点，就可以有大量的问题去研究。

但是，这种情况毕竟可遇不可求，获之不易。一般而言，更多的还是围绕一个相对成熟的领域去继续做一些研究。例如想接着做企业社会责任方面的研究，那就首先要了解已有研究做到什么程度了，哪些层面、哪些维度已经做过了，然后结合自己的兴趣和思考去选择一个新的维度做下去。这样也是一种做出贡献的途径。在这个过程中，可以注意寻找那种有争论和"反常识"的问题，这样的问题往往更能夺人眼球，让人耳目一新。

1. "填补"空白的问题

有价值的研究可以帮助填补我们认识世界的空白。在图 2-3 中，有关企业社会责任的研究涉及几个模块，如前面介绍的前因和后果研究；而前因及后果研究又可以分成若干细分的模块，例如，从高管特征角度研究企业履行社会责任的动因等。这样就可以把有关企业社会责任的知识总结起来，不断地填补图上的细分区域，填补上的区域就是我们已知的世界（如图 2-3 中 A 区域所示），而剩余的就是还需要探索的未知领域（如图 2-3 中 B 区域所示）。我们既可以去开拓一个未知的领域，做出开创性的研究，也可以去完善已有的研究模块，这些都是填补空白的研究。

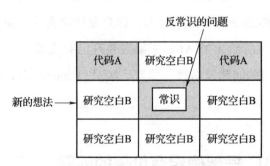

图 2-3　选择有价值的研究问题

模块 A 就是一个已知的领域，很多学者已经研究过了，且没有什么争议。例如，企业社会责任绩效与企业财务绩效之间的关系问题就研究了非常多，并且大部分研究均认为两者间有一个正向关系（Margolis 和 Walsh，2003），再继续研究这个问题就没有多大意义。而模块 B 则属于当前还没有研究或研究才起步的领域，我们对这方面的知识知之甚少。例如，企业社会责任领域的研究当前拓展到了社会责任报告披露的语言选择领域，开始研究是用图片还是文字披露社会责任信息等。而这方面的研究还只是刚刚起步。剩下的则是有一定研究积累但是还未完全了解的领域（例如高管特征对企业社会责任的影响），这也是大有可为之处，可以抓住其中一个还未涉及的因素（例如一个被忽视的重要的前因或一个重要的后果），去提出填补空白的研究问题。

2."反常识"的问题

（1）反问。按照 ABC 框架的思路来提出研究问题往往过于直接，且多数时候均已被前人所做（验证是否如此就需要查文献、熟悉文献）。因此，需要思考如何提出一个反常识的问题。例如"反问"一下：积极履行社会责任的公司一定能得到媒体更正面的评价吗？如果能把这个问题搞清楚，那就饶有趣味。就这个问题而言，可以这样思考：现实中有一家公司捐款了，媒体不只未对其进行正面报道，反而加以批评与指责。这可能是因为公司捐款未达到公众预期。再如，若一家公司 CEO 给自己制定很高的薪酬，又进行捐款，针对这样的情形，媒体会怎么报道？有研究认为，媒体更倾向于报道该公司的负面新闻，因为公众会觉得这样的公司是伪善的、不真诚的（Vergne、Wernicke 和 Brenner，2018）。

通常反常识的研究都是较有价值的研究。所谓反常识指的是提出与大家默认的知识（常识）相反的观点。一般而言，若所做的研究是进一步印证常识性观点，则该项研究的价值较为有限。比如若要继续开展企业社会责任绩效与财务绩效之间关系的研究，则很难做出理论贡献。因此，当我们知道一个得到普遍认同的观点以后，我们可以习惯性地提个问题（反问）：真的是这样子吗？例如，所有的人都觉得捐款的公司业绩更好，那我们就可以反问一下：捐款的公司业绩真的更好吗？这样的研究就是反直觉的、有张力的，且非常吸引人。

因此，我们在读文献时可以读到很多普遍认同的、常识性的变量关系，那么反思一下：真的是这样吗？通过观察现实生活，我们发现有时候不是这样的，那就有可能提出一个反常识的问题。这样反问就有助于选择有价值的研究问题，从而更有效地借助 ABC 框架来确定研究问题。

例如，积极履行 CSR 的公司更吸引投资者。但是，在现实中真的是这样吗？一家公司积极捐款，不是所有的投资者都认可。投资者一般分成两大类：中小投资者和机构投资者。中小投资者一般不喜欢公司捐款，但是机构投资者比较喜欢公司捐款，因为他们的投资期限不一样，所以一家公司捐款，只能让那些投资期限较长的投资者更满意。而投资者如果持有的是短期投资，就不太认可公司捐款。这样思考下去，我们就在已有研究的基础上又前进了一步，提出了一些新的观点，创造出了新的知识，这也就是创新所在。因此，我们评价一个问题是否有价值就有个简单的方法：如果一个问题大家有不同的答案，有冲突，那么该问题就有研究的价值。而如果我们提一个问题，大家马上想到答案且一致，那么这个问题可能就没有太大的研究价值。

（2）挖掘情景因素。反常识的问题固然好提，但是如何让研究这个问题变得可行同样很关键。如前所述，提出反常识的问题的一个简单方法就是当看到前人的某个观点的时候，习惯性地反问一下：真的是这样吗？已有研究都在讲 A 跟 B 之间是正相关的，而我们提出 A 跟 B 之间不一定是正相关的，在某个条件下是正相关的，而在某个条件下是负相关的。这实际上就是对已有研究的一个有效拓展且提供了新的知识。

这里要特别注意上面的表述中提到了一个概念"在某个条件下"，这对于我们后面构建假设框架是很有益的一种思维方式。研究中，这些影响主关系的条件称为调节因素（moderator）。也就是说，这些因素会影响企业行为决策的动因或效果的强度。具体来说，主关系在某些条件下会加强，而在某些条件下会减弱。例如已有研究都认为大公司更会捐款，此处就可以反着想：大公司不一定更会捐款，在有些条件下大公司就不会捐款。那么哪些条件下会出现这种情况呢？对初学者而言，遇到此类问题时，脑子定是一片空白，无从着手。但是，此处也是有技巧的，当考虑这些可能的条件时，应尽量考虑企业层面及企业以上层面的相关因素。

公司的决策由高管做出，在不同条件（环境）下，高管会做出不同的决策，而这些环境因素高管是控制不了的，这些高管控制不了的因素就构成情景因素，如图 2-4 所示，影响高管的决策制定。就这个例子而言，大公司一般都更会捐款，但是如果一家大公司所在的行业竞争不激烈，其也不太可能积极捐款。又如，这家公司所在的地区有慈善的氛围,那么公司捐款的可能性也就更大。

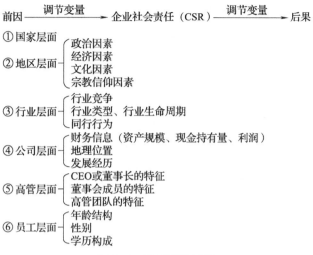

图 2-4 挖掘情景因素

因此,如果把这些情景因素纳入我们提出的 ABC 框架中,就能够更容易挖掘出反常识的问题。按照这个思路,我们可以很容易地提出一些有价值的问题。例如,如果一家公司的 CEO 是女性,那么这家公司捐款应该更加地积极,这是常识。但是结合现实我们可以提出一个反问:一定是这样吗?显然,答案是不一定。那么,在什么情况下有女性 CEO 的公司更会捐款,而在什么情况下更不会捐款?此时,就需要去寻找一些调节变量。例如,如果公司当年赚了钱,公司的声誉又很好,同时公司间的竞争也很激烈,公司当地有这样一个慈善氛围,那么女性 CEO 所在的公司捐款将更积极,从而加强了这个主关系。

再举个例子,一家公司积极捐款,员工一般是更满意、更有忠诚度。但是不是所有情况都这样,例如,一家公司积极捐款,但是给员工付的工资低于当地的平均水平。员工这个时候会有什么反应?还会感到满意吗?再如,如果一家公司积极捐款,同时公司高管又在公司领高工资,那么这个时候媒体对公司的报道反而更为负面(Vergne、Wernicke 和 Brenner,2018),此时投资者又将如何反应呢?

需要说明的是,这里为了举例说明,笔者在挖掘情景因素时有点随意。实际上,做研究的目的是要有理论贡献,创造新的知识,这就要求我们在提出情景因素的时候要基于理论,从影响机制入手来思考。关于如何提出情景因素,在后续章节会进行详细介绍,此处笔者想要强调的一点是,如果把情景因素纳入 ABC 框架中,则研究的网络将更为广泛,也能够搭建起更多的研究框架。

3. 问题陈述

在陈述研究的切入点，说明为什么要做这个问题的研究时，要阐述清楚研究这个问题是有价值的，首先要阐明我们知道什么（What we know）。例如，研究 CSR 如何影响投资者行为，就要首先介绍已有文献中涉及的 CSR 如何影响投资者各种各样行为的研究，进而提出关键转折，重点说明我们不知道什么（What we don't know）。例如，我们不知道 CSR 对投资者的影响在什么情况下会加强，什么时候会减弱，所以要研究这个问题。按照这个思路来介绍研究问题，就能更有效地说服读者认可这个问题的重要性和新颖性，凸显研究价值。

2.5 研究贡献

科学研究的本质就是创造知识和拓展对客观世界的认识。前文介绍的两类有价值的问题实际上都聚焦在知识创造上。人类对世界的认识是不断拓展的，从最开始一个小的范围逐步拓展、丰富进而对世界有更为深刻、全面的认识。这样一环一环向外拓展的过程就是通过科学研究创造知识的过程，如图 2-5 所示。而每一项研究只是把我们对客观世界的认识向外推了一小步，但许许多多这样的"一小步"累积起来就不断丰富了我们对世界的认识。所以做研究切忌好高骛远，科研还是要脚踏实地一步一步从一个个小问题入手去逐个解决，不断推进。而对学者而言，重要的是专注于某一个领域，这样才能在这个方向上不断突破，不断拓展对未知世界的认识，才可能做出更大的贡献。

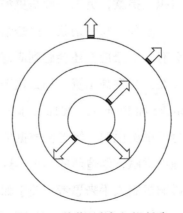

图 2-5　科学研究与知识创造

▶ 思考与练习

1. 什么是反常识的研究？
2. 研究价值的确立标准是什么？
3. 结合本章的知识点与自身兴趣，能否提出一个感兴趣的研究点？
4. 什么是 ABC 模式框架？如何运用 ABC 模式框架提出研究问题？
5. 科研的目的是什么？什么构成研究贡献？

第 3 章

提炼研究问题

本章的主要目的是介绍提炼研究问题的思考路径和方法，内容包括细化研究问题的思考路径、六种常见的细化问题的模式以及可能的选题误区和如何克服研究瓶颈等。

做研究首先需要清楚地了解和掌握研究流程。在整个研究流程中，如何从一个大的研究领域、现象中确定研究价值，提炼出一个有价值的研究问题，是最富有挑战的工作。提出问题比解决问题更重要，特别是在工商管理研究中，所有研究基本上都遵循前因后果（ABC）模式。前因方面的众多因素可以概括地分成很多层，从高层至低层，可以划分成从国家层面、地区层面、行业层面，到公司层面、高管层面；后果方面的研究则可从利益相关者视角切入，通常关注的利益相关者大致上有九类，每一类利益相关者都有其自身独有的行为值得关注。这是我们确定研究价值的参照系，即可能的研究贡献落在哪个维度。

3.1 细化问题的路径

想要在生活中发现有趣的现象就需要日常养成观察、思考、积累的习惯，从而能够不断提高自己的学术敏锐度，进而有效地提炼出在理论和实践上都有意义的选题。

选题是管理研究非常重要的一环，是决定研究工作是否有价值、能否发表的关键因素之一。因此，首先要确定自己感兴趣的领域，如会计、财务、人力资源、市场营销。以人力资源、市场营销为例,这个领域中存在很多不同类型的企业行为,我们如何找到有意思的研究主题呢?

这就要观察现实环境,发现有意思的现象,通过有意思的现象发现有趣的主题,同时保持好奇心,多问问题。只有通过不断地思考和提问,我们才能找到一个有意思的主题。例如,如果兼并收购或人力资源政策这些主题足够吸引你的关注,那么接下来则需要从一个泛泛的主题中进一步明确研究问题,这本身就是一个研究问题细化过程:细化到能很具体地陈述,研究的是一个什么样的关系($X \rightarrow Y$)。

1. 细化研究

在这个细化研究(framing)的过程中,不同的人的关注点会不同,从而表现出很明显的差异。例如,对同样的现象——董事会秘书(以下简称"董秘")对公司治理的影响,有的人关注董秘的财务背景对盈余预测的影响,而有的人则可能关注董秘的性别、国际化经历、董秘和董事长的社会关系对企业决策的影响。这使得不同的人在提炼问题时所走的路径出现差异。如同探宝,大家知道前面的山里埋藏着宝藏(有趣的现象),但是不同的人选择的路径不同(不同的细化路径),最后能够找到宝藏的是极少数人(发表顶级期刊论文)。为何有这样的差异?关键有两点:

- 熟悉前人的细化路径和结果(读文献)。
- 发现正确的路径(通过思考找到"藏宝图")。

例如,笔者及团队关于高管政治关联对企业慈善行为影响的研究延续了已有研究中关于高管政治关联的定义——一家公司的 CEO 或董事长是曾任或现任人大代表、政协委员(贾明和张喆,2010)。当时笔者未曾思考这一大家普遍接受的定义是否合适,未曾提出质疑和反问(沿着前人走过的路走很难找到"宝藏")。

但是有一篇论文,同样是研究高管政治关联对企业慈善捐款的影响,却发表在了国际顶级期刊上,这又是为何?该研究最大的贡献就在于对已有文献给出的政治关联的定义做了调整,而把高管政治关联分成两类,即其认为高管曾任人大代表、政协委员或现任人大代表、政协委员给公司慈善行为带来的影响是不一样的(Zhang、Marquis 和 Qiao,2016)。通过对传统观点的挑战,这篇文章提出了一个反常识的问题,最后做出了创新。因此,平时我们还需要注重培养自己的批判性思维能力，这样才能有效地发掘诸如此类的研究亮点，找到正确挖到"宝藏"的路径。

还有一个例子，笔者很早也注意到汶川地震以后，没有捐款或捐款少的企业会被网友指责为"铁公鸡"，之后这些企业往往会追加捐款。当时看到这个现象后，笔者也曾想过怎样去细化、提炼出一个研究问题，也考虑过从被迫捐款这个角度切入，但是后来没有完成这项研究工作（半途而废了）。然而，2016年在国际顶级期刊上发表的一篇论文（Luo、Zhang和Marquis，2016）则基于这一现象，从互联网的积极主义角度切入，研究互联网所产生的压力如何促使企业参与到慈善捐款中去，而在这之前还没有人研究互联网所产生的所谓积极主义如何影响企业行为。这篇论文就是以互联网积极主义为切入点去细化、提炼问题，最后成功发表在顶级期刊上。

由此可见，只要生活中我们留意观察，往往都能发现有趣的现象，但是如何从现象中进行提炼，细化出具体的研究问题就很有挑战性。细化的过程中聚焦出一个什么样的问题决定了研究是否有价值以及有多大价值。

为此，我们要时常反思如何细化、提炼问题。通过与康奈尔大学的马奎斯教授（前面举的两个例子的论文作者）的面对面交流，笔者得到的启发就是：找到一个好的问题需要敏锐的洞察力，能够觉察到有潜力的研究方向往往是"摸着石头过河"，需要不断思考、讨论、修改、完善。

2. 自身因素的影响

在细化选题的时候我们会面临很多选择，做出最终的选择不仅需要一些运气，还需要很多思考和经验。思考和经验来源于一定的文献积累，并且需要我们善于与他人讨论，结合他人的意见帮助细化、缩小研究选题。

在细化选题时，我们经常会出于一些顾虑难以做决定。因为选定题目就意味着在未来半年、一年或几年时间内需要持续投入，所以需要兼顾未来的人生选择，以使自己选择的研究课题能与未来发展目标紧密结合。例如，可以结合未来的发展目标有侧重点和针对性地确定选题。如果我们以后想去政府部门工作，可以研究与提高政府效率相关的问题，如政商关系、政府监管等；如果以后想去某一个行业工作，可以特别关注该行业的研究，如行业的竞争机制、行业的创新、行业的产品升级改造；如果想当老师，可以考虑意向就职院校，关注校内强势专业和有声望的老师、研究团队的研究，提前做一些相关研究，有助于自己以后能更好地融入研究团队。

一旦选好题目，需要精益求精与长期坚持，形成自己的研究主线。只有在某一研究领域里面"生根"，才有可能创造知识，在该领域里面做出一些贡献，产生一些影响力。

此外，需要结合自身优势和劣势来帮助自己选择恰当的研究主题，因为完成不同的研究主题所需要掌握的专业技能不同。通过发挥自身优势选择适当的主题，可以最大限度地发挥自身优势。例如，如果 R 语言编程能力较强，掌握了互联网爬取数据的技能，那么研究关于社交媒体的主题可能比较得心应手。因为完成这项研究需要通过爬虫技术将社交媒体上关于公司的一些帖子、言论、评论等信息批量下载，并且能够熟练整理、分析成千上万条数据。如果比较擅长思考和逻辑推理，善于从微观层面思考变量之间的内在关系，那么可能比较适合研究组织行为或人力资源相关的主题。因为这些研究大都是基于心理学的一些理论去论证人与人之间的行为和心理如何相互影响。

3.2 提炼问题的六种模式

从现象中细化、提炼出问题并非一蹴而就。借助第 2 章所介绍的 ABC 框架可以帮助我们找到一个大致的方向去挖掘"宝藏"，但是面对众多可能的路径，我们往往很难做出抉择。有时我们绞尽脑汁也想不出来有什么问题值得研究，而有时则才思泉涌。这里有六种常见的细化问题的模式供参考。

1. 灵感乍现模式

灵感乍现模式（flash of brilliance model）强调突然间的灵感爆发。那么，如何有意识地进行训练来培养这种能力呢？就笔者的经验而言，带着问题睡觉也许是一个不错的方法，往往第二天起床的时候就会迸发出一个新的想法。当新想法产生的时候，一定要用本子及时记录以免遗忘。实际上，当观察到有趣的现象时要养成习惯多问一些为什么，这是激发灵感的原动力，即在一个陈述现象的句子前面加一个"为什么"。例如，为什么该公司会喜欢蓝色的标识（logo）？为什么公司喜欢雇用有财务背景的董秘？为什么公司喜欢给员工提供高强度的培训？为什么有的公司喜欢雇用当地的 CEO？为什么有的公司喜欢雇用自恋的 CEO？在陈述句前面加一个"为什么"能够启动发散性思考。因此，要养成这样一个习惯，看到任何现象都问一下为什么，就是这些"为什么"能够触发我们去思考问题。只有不断地思考，脑子里时刻带着问题，才有可能在某一时刻激发出一个新的点子（例如第 2 章提到的例子，把政治关联分成两类）。

2. 学徒模式

学徒模式（the apprentice model），即跟着导师做。做老师提供的题目（老师直接提炼好问题了），可以节约自己很多提炼问题的时间。

但是需要注意，不要去做那些自己觉得很无聊的题目。无论老师提供怎样的题目，自身的兴趣是第一位的，一旦自身觉得没有研究动力，可以选择放弃。因为研究路程很漫长，坚持需要基于兴趣，做自己喜欢的事情是最重要的。当然，初学者由于刚刚接触学术而缺乏这种鉴别力，也就是说，不知道自己喜不喜欢某个选题的时候，或是着手做自己的第一个题目时，应该很好地完成。通过做这个题目，初学者一方面能逐渐找到自己的研究兴趣所在，另一方面也能尽快掌握实证研究的整个流程，为自己后续开展更为深入的研究奠定坚实的基础。

所以，我们要始终记住一点，自己到底喜欢做什么，这非常重要。兴趣是第一位的，只有做自己感兴趣的事，做自己喜欢的事，才能每天过得开心，过得幸福。无论从事什么工作，做自己喜欢的事，让自己开心，始终是最重要的。

3. 凤凰模式

当确定一个兴趣点后，通过不断地围绕这个点进行思考、研究，可以发现许多新的问题，从而将研究从最初的关注点逐渐扩散开来，这就是凤凰模式（the phoenix model）。比如笔者本人开始做企业社会责任的研究时，只是关注企业捐款这一个很简单的行为，关注什么样的企业会捐款，但是现在已经把这个领域拓展得很宽，涉及的主题非常多，如社会责任报告、企业环境责任等。其实研究本身就是一个循环往复、周而复始、螺旋式上升的过程。

4. 图钉模式

将小的主题拼凑到一起形成一篇大的论文，这种模式叫图钉模式（the stapler model），即把大问题拆成小问题。该模式特别适合博士生。对博士生来说，将小论文有逻辑地结合在一起形成具备完整体系的大论文，是一种有效的博士生研究模式。博士毕业快的学生有个共同点，就是他们绝对不会单独花时间去写博士论文。只要在博士开题时搭好博士研究的架构，然后在这个架构里拆出三个小问题，平时完成这些小问题的研究形成小论文，这样就可以发表形成自己的研究成果。而博士生在准备论文的时候，就可以把这三篇小论文串成一个完整的体系构成博士论文。这比专门去写博士论文要节省很多时间，这应该是读博士较为高效的方式之一。

笔者本人的经历正是如此，笔者的博士论文的每一章都可以单独拆出来作为一篇小论文。用好这种模式的关键在于小论文之间要有逻辑性并成体系，因此一开始搭建一个完善的研究框架就很重要。

5. 综合模式

围绕某个关注点，通过把相关学科的研究系统地整合在一起，提出一些新的研究思路也是一种有效的提炼问题的方法，这就是综合模式（the synthesis model）。例如，投资者行为的研究以前大多集中在财务、会计领域，但是现在开始出现融合心理学知识研究投资者行为的相关研究。实际上，这种模式也就是当下十分提倡的学科交叉。例如，研究 CEO 的心理特征如何影响公司决策，实际上就是把心理学领域对个体性格研究的成果应用到管理学的研究中来。因此，平时广泛涉猎一些不同学科的基础知识，对于拓宽思路是很有好处的。

6. 项目扩展模式

将课程作业、企业咨询项目中的报告整理、扩展成为研究成果，这就是项目扩展模式（the expanded term project model）。对刚刚踏上研究之路的研究生而言，尽快完成第一篇学术论文至关重要，不在于水平要有多高，而在于熟悉这个研究过程。在完成课程作业的同时能完成一篇学术论文，也能起到事半功倍之效。总之，选题并不能一概而论，存在一定的个体差异，简而言之就是要有一个高效的思维方法。观察现实，养成问"为什么"的习惯，同时基于个人兴趣和爱好来选择研究问题尤为重要。

将这些模式与 ABC 框架相结合，有助于找到有价值的研究问题，更快地确定好研究的问题，进入下一阶段的研究，而不至于停留在提出问题环节。ABC 框架能够框定出一个大致正确的路径范围去挖掘"宝藏"，而在众多路径中如何抉择是件困难的事情，可以考虑采取一些便捷的决策方式，比如跟着感觉走（灵感乍现模式），或者跟着导师做（学徒模式），再或者先找最简单的问题做起来，进而不断深入（凤凰模式）等。

3.3 问题驱动

在细化和提炼问题的过程中，思考非常重要。而如何保持源源不竭的动力并坚持思考呢？这就不仅需要外在激励，更需要内在激励。要以问题驱动，即时刻用问题来驱动自己思考，保持好奇心。

1. 积累研究素材

问题导向强调从有趣的现象出发，从现象中提炼出问题，然后结合理论来思考、分析问题。因此，需要积累有趣的现象作为研究素材。做工商管理研究者，需要坚持浏览新闻、报纸，关心国内外政治、经济和企业中发生的事情。因为很多学者、老师和学生都长期待在校园内，较为欠缺实践经验，不了解现实中企业运行和经营的情况，使得做研究的时候缺乏画面感，做出来的研究也不接地气。阅读新闻报道则是一个较为常见、便捷且有效了解现实的途径之一。在浏览新闻报道的时候，研究者需要有意识地将有趣的新闻保存下来，作为未来的研究素材。对管理研究来说，证券市场、上市公司、政府的经济管理政策等方面有趣的新闻都是非常重要的研究资料。

那么什么是"有趣的"现象？简单来说，它就是指不寻常的事情。判断"有趣的"现象需要学术敏锐度。但是，每个人都有各自的判断标准，所以也没有固定的模式去评判何为"有趣的"现象。不过，日常积累这些研究素材是培养学术敏锐度的重要途径之一。此外，积累研究素材的过程就是我们了解、熟悉中国制度、文化的过程，而这正是我们此前所述的做好中国管理研究的三大要素（必须具备对制度的了解、对文献的了解和对方法的了解）之一。初学者一定要养成一个好的习惯，留心去观察有趣的现象。当然，同样的新闻不同的人看到后的感受是不同的。有的学生看后没什么印象，而有的学生看后则会启发思考。这就是学术的悟性各有不同。不可否认，确实有一些人天生具备学术悟性，非常适合做研究，但是通过日常的训练，特别是强迫自己去提出问题、不断思考，也是锻炼、提升悟性的重要手段。

当看到一个现象后哪怕稍有感觉，都要立刻问一个"为什么"，这是推动自己在研究之路上往前再走一步的关键。观察现象提出"为什么"并不难，难的是思考、细化与提炼。例如，问为什么公司的股价会上升，那么就需要去思考、解释这个现象。完成这项任务至少需要两方面的知识储备：一是对现实生活的了解，二是对文献的了解。因为很多问题已经有研究做过了，只有很熟悉文献，才能知道以前都做了些什么，能否解释现在这个问题，这样就大致知道继续思考这个问题能否做出贡献。

2. 关注中国问题

作为一个经济转型国家，中国有很多政策、规定、企业行为都是独有的，具有较强的特殊性，是以往成熟的经济体所没有经历过的。这些独有的现象就提供了许多有趣的研究问题。例如，创业板的公司上市有特定的审批流程，如图3-1所示。这个审批流程中有11个人很关键（参见"股票发审的秘密"⊖），他们对公司申报材料给出的审查意见直接关系到这家公司是否可以上市。

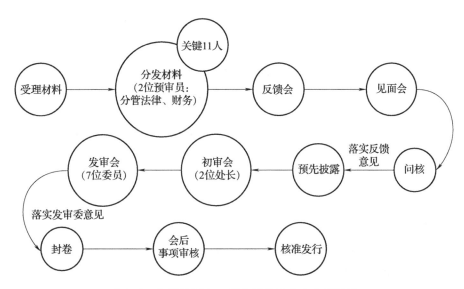

图 3-1 有趣的制度：创业板公司上市审批流程

针对这一发行制度，可以想到什么现象或研究问题呢？创业板公司的CEO最想做的事情一定是想让公司成功上市。那么，如何提高上市成功率呢？这就是中国情景下的一个有趣的问题。

⊖ 财新《新世纪》周刊，2013年第4期。

针对这个现象，进行问题细化、提炼的路径有很多，例如，可以从企业信息披露、企业业绩、高管背景等方面入手寻找切入点。实际上，在研究中国问题的时候，学者们都非常强调"关系"的作用。就这个问题而言，也可以从"关系"的角度入手，例如细化问题为：如果公司高管和这关键的 11 个人有社会关系，这样的公司是不是更容易通过审核？围绕这个思路，有学者研究发现，拟 IPO 公司与发审委的社会联系越紧密，上市审核通过的概率越高（杜兴强、赖少娟和杜颖洁，2013）。

国企与民企间的关系也是研究的热点。在我国，国企和民企并存，但是资源分配明显不均等。为什么会这样呢？进一步，我们可以研究：民企如何获取更多资源？什么样的民企能获得更多的资源？换句话说，什么因素影响民企获取资源的能力？例如与国企合作，可能民企与国企的交集越大，民企获取资源的能力越强。又或者民企如果和政府走得越近，比如在政府办公大楼旁边安排公司总部能否更为方便地获得政府资源。叶广宇等人的研究发现，民营企业总部的选址和可获取到的政治资源有一定联系（叶广宇、万庆良和陈静玲，2010），还有学者研究发现，具有政治关联的民企通过参与慈善捐赠能够获得更多债务融资（李维安、王鹏程和徐叶坤，2015）。

最后还要强调的是，做工商管理领域的研究要相信一点，当你有一天灵光一现想到一个好点子的时候，地球上一定会有另一个人也想到了。所以要先下手为强，这还不够，一定要快。做研究最可悲的是你的脑子里有个很好的想法，并为此自我陶醉时，却发现别人已经发表出来了。因此需切记：当有好的想法以后一定要快速予以实现。

3. 兴趣第一

在日常生活中要养成问"为什么"的习惯，这是做研究必须具备的素养，也是做自己感兴趣的问题，保持研究兴趣不竭的动力。本书前面介绍了笔者在汶川地震后所观察到的一些现象，并据此做了许多研究。其实笔者读博时研究的并不是企业社会责任，而是公司治理，探讨金字塔股权结构对公司治理的影响。一次偶然机会，笔者读到一篇关于汶川地震以后什么样的企业会捐款的论文（山立威、甘犁和郑涛，2008）。这篇论文的作者提炼问题的能力令笔者折服，同时也激发了笔者进一步关注企业灾后捐款这一现象的兴趣，并结合以前有关政治关联方面的文献积累，就细化、提炼出一个问题：高管政治关联如何影响企业慈善捐款？随后笔者就开始收集数据，很快完成了论文，并发表在《管理世界》上（贾明和张喆，2010）。

自那以后，笔者就觉得企业社会责任领域值得研究，之后一直深耕这个领域，而没再去做之前的金字塔股权结构研究。研究方向的转换，很重要的一点是受到自己兴趣的指引。

3.4 选题误区

选题必须要有价值。然而我们在选题过程中也不可避免会遇到一些问题，需要特别注意。

误区一：对研究的问题不感兴趣。对研究的问题不感兴趣是很可怕的，因为这样很难把研究做下去，所以需要事先引起重视。当研究中遇到一些困难的时候，很多学生都会把研究搁置在那里很长时间而没有进展，或者论文被拒后也不去修改，闲置在电脑里。究其原因就是学生对这项研究的激情过了，激情不再而缺乏再做下去的动力与意愿。很多人宁可做一个新的研究问题都不愿意去改一篇被拒的论文。但是相比而言，改一篇被拒论文的成功率往往比写一篇新论文的成功率要高。所以，一定要保持自己对研究问题的兴趣。

误区二：选题过于简单或太大。太简单的问题没有实施的意义，如同研究没有争议的问题，这样的研究问题过于简单以至于对研究结论没有期待，因为早就知道了会是怎样的结果。而研究问题过大，则不便具体开展研究。如果一开始就没有想清楚研究哪个层面的前因因素或没有确定研究哪一利益相关者的什么反应行为，就会导致研究不聚焦而难以把握重点，思考也难以深入。初学者提出的研究问题经常经不起被问"为什么"。例如，一些人想研究企业社会责任的前因，如果问想研究什么因素，他可能说高管的影响。但是如果再追问一下高管什么因素的影响，他就可能答不上来了。这就是选题太大的问题，关键还是思考、细化和提炼问题不够。

误区三：偏执且不听取别人的意见。每个人看问题的角度不同，而每个人都不可能把问题完全看透彻，故而博采百家之长对于提出好问题是有益的。如果不能接受他人提出的建议或意见，就容易陷入闭门造车的境地，但也不能人云亦云，丢掉自己的想法而跟着别人的意见走。细化、提炼问题的路径千万条，最后做研究的还是自己。选择哪条路去做研究，既要有自己的想法，也要开放地吸收别人好的意见，并经自己合理地判断来做出抉择。

误区四：不熟悉文献就贸然选题。缺乏文献支撑，从零开始做的研究通常比较耗费精力，也可能是无用功。应该说几乎没有完全空白的研究领域，做任何研究都应该可以找到参照而指导自己去细化、提炼问题。而很多初学者报告自己选题的时候，虽然能够发现有趣的现象，但是在提炼问题的过程中往往缺乏文献支撑，自说自话、自以为是的情况非常普遍。

3.5 克服研究瓶颈

做研究的过程中难免会遇到困难而无法继续推进、进展缓慢。下面提供几种解决办法：

首先，可以多读自己研究领域的文献，这能带来很多启发，同时读文章一定要带着目的去读，知道需要什么然后再去读，这样的启发性会非常强（在文献阅读部分会专门讲这个问题）。

其次，可以读导师的基金申请书。基金申请书中会有很多研究想法，并且对研究进展概括得非常全面。对初学者而言，一定要会学习，善于借助团队前期的积累来提高研究效率。

再次，初学者还可以通过帮助别人来提高自己。比如帮助高年级师兄、师姐收集数据、整理文献等，关键的一点是保持工作状态非常重要。人都有惰性，其实每天做点事很重要，哪怕与在做的研究无关，也坚持读文献、看新闻、收集数据等。人一旦停下来，特别是缺乏自律的情况下，最容易分心和浪费时间。

最后，善于听取意见，吸取一些好的建议去改进研究路径。怎么样去得到这些好的意见？一是在团队内部开会听老师、同门的反馈，二是多参加一些各个研究领域的高水平学术会议。当然，参加会议的前提是有一篇完整的论文，故而还是要把研究完成，哪怕很粗糙，有个完整的初稿，就有了听取别人意见和讨论的基础。

▶ 思考与练习

1. 为什么在细化问题的过程中,同一问题会出现明显的个体差异?影响因素有哪些?
2. 如何遵循可能正确的路径挖掘"宝藏"?众多路径的差异是什么?
3. 在思考和提炼问题的过程中,如何避免惰性及厌烦情绪的产生?
4. 做研究是孤身一人克服困难的冒险,你怎么看待这个说法?
5. 为什么说做研究是"摸着石头过河"?

第4章

阅 读 文 献

本章的主要目的是阐明研究过程中文献阅读的重要性并提供一些具体的文献阅读方法。主要内容包括介绍文献阅读的重要性和目的及文献查询的范围和具体方法，之后则讲述如何选择与研究相关的文献以及如何正确管理这些文献。本章还会讲述如何利用想象力来阅读文献，以及如何高效地积累文献。

4.1 文献阅读的重要性

1. 判定理论贡献

第 3 章讲到如何从一个现象到一个具体的问题，这里特别重要的一点就是要找一个有价值的问题。一个有价值的问题有三个评价标准：一是重要性，二是可行性，三是新颖性。比较好确定的是新颖性和可行性，比较麻烦的是确定重要性。确定重要性分为两个方面：一是理论上的，二是实践上的。

一般来说，提出一个研究问题如果对企业管理有意义，那就是有实践价值的。而确定理论贡献就是评判它在理论上是不是有价值。判断一项研究是不是有理论价值，就需要积累和熟悉文献。简单地说，对于某一个领域的研究，最终都会落在 ABC 框架之中，从而形成对所关注行为（B）的认识。比如很多学者在做企业社会责任 (CSR) 方面的研究，该领域的学者一起贡献知识，丰富我们对 CSR 的认识，通过发表各种文献，构成了我们已知的 CSR 领域的知识体系（参照 ABC

框架)。

而研究者要做的事情,是要研究这个已知世界之外的未知世界,要说明这项研究与已有的文献是密切相关的,是对现有研究的拓展,但是不知道或不能回答所提出的新问题就没办法正确地认识这个世界。如果以上表述都成立的话,那么所开展的这项研究在理论上是有价值的(如图4-1所示)。

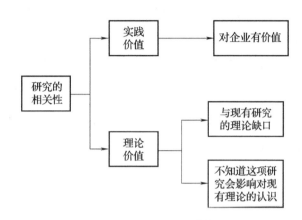

图4-1 理论贡献判断

在判断一项研究的理论贡献时,首先要说明以前有人做过相关的研究,但就这个问题本身而言还没人研究过。然而,仅说明该研究还无人做过是不够的,还需要回答"如果不研究这个问题,会产生怎样的影响呢""这个研究有意义、有价值吗"等问题。所以,不仅要告诉别人这个问题是没人研究过的,还要说明不研究这个问题会影响我们正确地认识这个世界,甚至指出我们已有的认识(知识)本身就是错误的,但是我们却不知道。

比如有关政治关联的研究,以前学者们都认为,曾任或现任政府官员、人大代表都会建立起政治关联,这两种方式所构建起来的政治关联没有区别。这是以前关于政治关联的认识,但是最近有学者提出曾任和现任政府官员、人大代表所构建的政治关联会对企业产生不同的作用(Zhang、Marquis和Qiao,2016)。这就纠正了我们的错误知识,从而表明这项研究是有理论意义的。

2. 确定研究贡献的大小

在阅读文献时,要了解现有研究对于自己所关心的问题都做了什么,而最重要的是要了解现有研究关于这个问题没做的,这是核心的问题。也就是说当细化、提炼出一个研究问题之后,首先要知道这个问题有没有人研究过,如果有人研究过，是否相信他的解释？如果没有人直接研究过这个问题，那么有没有相关的问题研究过？相关研究给出的答案能不能解释自己关心的问题？

如果这些问题的答案都是否定的，那么可以认定继续研究这个问题是有意义的。否则，这个问题别人已经研究过了，或者虽然没有直接研究过，但是相关研究所给出的解释能够很好地解释这个问题，那还有继续研究的必要吗？当然，这样的重复研究可以为某一套解释或理论提供一个额外的经验证据（如图4-2所示），从而进一步让大家相信这一理论是对的。但是，它本身的贡献并不是特别大。这对初学者而言是可以去做的，初学者一开始不用去追求那么高学术层面的理论贡献。如果能够提供一个新的证据去支持一套成熟的理论，那也是一个贡献（Colquitt 和 Zapata-Phelan，2007）。

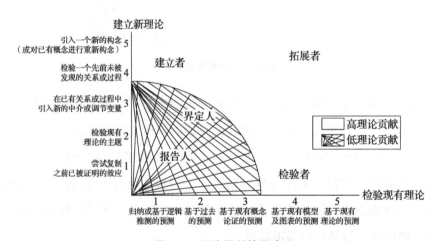

图4-2 理论贡献的层次

资料来源：Colquitt 和 Zapata-Phelan，2007。

什么才是真正的理论贡献？真正重要的贡献在于通过阅读文献，发现现有文献所给出的解释没有办法很好地解释自己所关心的问题，这就是一个研究上的缺口或理论上的缺口。这种情况下开展的研究也最有可能提供有价值的贡献。实际上，随便找一篇在 UTD24 期刊上发表的论文，都有这种意义上的理论贡献。另外，这也要求在读顶级期刊文献的时候，要能理解每篇论文最大的贡献在什么地方，即到底填补了什么理论空白。例如，解释了一个反常识的问题，好公司为何做坏事（Mishina 等，2010）。

4.2 阅读文献的目的

1. 找到现有理论的缺口

阅读文献的第一个目的就是找到现有理论的缺口,即现有研究的理论不足在什么地方,或者现有研究的缺口在什么地方。比如,现在有两个学术圈子分别关注研究涉及的两个概念或变量的问题,而这两个圈子所做的研究是割裂的,虽然已知每个概念或变量的单独研究很多,但是这两个概念或变量之间是怎样的关系却不清楚。此时需要做的事情就是在这两个学术圈子之间搭座桥,把概念或变量间的关系建立起来,这个过程就是填补理论缺口的过程。而搭建这座桥梁就需要结合现有的文献和自己的思考提出一套有逻辑的解释,如图4-3所示。

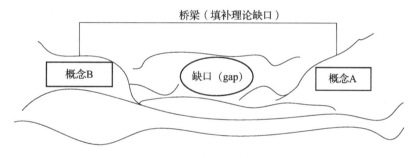

图4-3 填补理论缺口

在阅读文献的过程中,要把拟研究的问题时刻记在心里,有目的地阅读,阅读每篇文献都要想着其所提的观点能不能解释自己所关心的A和B之间的关系。因为有时虽然自己提出的问题没人直接研究过,但是用已有的理论可以解释。例如,代理成本理论最核心的观点是在委托代理关系中,代理人可能做一些偏离委托人预期的事情,从而使得委托人的利益受损。委托代理理论可以解释"为何一位CEO在公司里持股比例越低,这家公司的价值就越低"这样的问题。当阅读文献后发现没人做过CEO持股比例和公司捐款之间的关系时(属于ABC框架下对公司捐款行为的动因研究,即 A→B),如果认为其关系是负向的则可以用这个理论来解释。公司捐款是CEO谋取个人私利的一种手段,如果CEO的持股比例越低,和公司利益越不一致,那么代理成本就会越高。这项研究相当于扩展了代理成本理论的应用领域(Brown、Helland和Smith,2006)。

务必要明白，并非别人没做过的研究就一定是有价值的，关键在于要从理论的角度看，已有的理论能不能很好地解释这个问题。如果已有的理论能很好地解释这个问题，那想做的这个研究只是对一个理论的应用，只是提供了一个新的证据来支持理论，而这项研究对理论本身的贡献较小。所以，做出理论贡献也是一个经验积累的过程，一开始要求也不要太高。开始先找一些新的问题来研究也不错，只是必须清楚，并非做一个别人没做过的研究就一定是创新。阅读文献的目的就是能为拓展现有理论奠定基础。研究者要做的工作就是对现有研究做一个有逻辑的延伸，用自己构建的逻辑（理论）搭一座桥梁以建立概念之间（新）的联系，进而填补理论上的空缺，这才是做研究的最终目的。

2. 搭建桥梁的路径

阅读文献的第二个目的就是找到搭建这座桥梁、填补理论缺口的路径。任何一篇文献在假设提出部分几乎每句话都会有文献引用（citation），中间也会有一些将引用的文献串起来的文字，这实际上就是把已有的研究成果用作者的逻辑串起来，从而搭一座桥，把现有研究的缺口补上。有的初学者刚开始写论文时，通篇没有参考文献，这样肯定是不行的，必须要有参考文献，只有这样才能确保研究是在已有研究基础上做出的拓展。

要有效地把文献串起来，就需要搞清楚每篇文献之间的联系。既然研究都是在已有研究基础上生长出来的，那研究者就要首先搞清楚每篇文献是在哪些、哪一脉文献的基础上做了怎样的拓展。也只有这样，才有可能按照符合逻辑的方式把文献串联起来，进而有效地搭建起逻辑的桥梁，清晰地解释概念间的关系。

3. 实证研究的可重复性

科学研究很重要的一点就是可重复性。阅读文献的第三个目的就是掌握已有研究对某一重要关系的研究现状和研究方法，从而保证所开展的研究是对已有研究的拓展，具备与已有研究的可比性。另外，如果一个关系在不同的研究、不同的情景下被反复验证，那么这个关系便是稳健的（不受环境影响）。所以在写论文引用文献的时候，对于一个比较重要的论据，不能只引用一篇文献，一般至少要引用两篇，原因就在于此。

现有文献可以为选择控制变量提供依据。简言之，就是在验证一个因果关系时，要说明 A 对 B 是有影响的，这里面需要控制很多其他也会影响到 B 的因素，而如何选择这些因素，往往来自现有文献，即已有研究认为会影响到 B 的因素。所以，任何一篇论文在介绍控制变量时，一般都会引用很多前人的研究作为依据。

4. 加入学术圈子

阅读文献的第四个目的是加入学术圈子。每个主题的研究都会有一些关心的学者，这些人就构成了一个学术圈子，共同研究某一问题，例如人力资源的圈子、会计学的圈子、管理学的圈子以及国际商务的圈子等。圈子可大可小，既可以是大圈子，也可以是小圈子，例如战略管理这个大圈子里有一小部分人专注于研究企业社会责任问题而构成了一个小圈子。一般而言，不同的圈子之间是不互通的，例如，研究人力资源的学者不怎么看战略管理的论文，而研究会计学的学者也很少去看营销类的期刊文献。

作为一位学术研究新人，首先要做好定位，自己到底想加入哪个学术圈子。搞清楚自己做研究、写论文到底主要是跟哪个圈子、哪些学者交流。例如，想加入会计学圈子的人却把论文投到营销类期刊上，那就会显得不伦不类，且很难得到认可。通常选定一个主题后就确定了所在的圈子，例如研究盈余管理就是会计学圈子。当然也不排除一些做交叉学科研究的，例如，企业社会责任研究一般属于战略管理圈子，但是也有一些会计学圈子的学者在做这方面的研究。

既然所写论文要经过同一圈子里的人的评审，得到同行的认可才能发表，那么首先要搞清楚同行们关心什么问题，想看到什么研究。这就如同在一个大厅里，有一群人围在那里聊天，新进入者想加入这群人的讨论，那么如何才能让这群人接纳新人，倾听新人的观点呢？这就涉及如何撰写论文的引言和为何要做文献综述。所谓文献综述，就是要了解圈子里的人在谈论什么，都有什么观点，并将其表述出来，总结这个圈子已知的知识，并肯定已有研究的价值，进而委婉陈述出可能存在的遗漏。按照这个模式去撰写文献综述，比较容易引起圈子里同行的注意，进而让他们关注你的研究和观点。反之，如果一上来不听别人在讨论什么，就说你的观点是什么，试想一下，别人愿意听你的发言吗？所以说，写论文就如同加入一个圈子、加入一个聊天群一样，要想发出自己的声音，首先要听明白别人都讲了什么。

实际上，每个人都应该有一个标签，这个标签就代表这个人是属于哪个圈子的。如果别人和你属于一个学术圈子，那么就会有共同话题；如果分属两个圈子，那么谈话就难以深入。学术界有一个很有意思的圈子文化，了解了这个圈子，才能更好地融入这个圈子。

总之，阅读文献首先要明确研究问题的定位，这决定了到底该读哪个圈子里的文献。如果研究定位在管理领域，例如公司应该雇用什么样的 CEO，那么阅读的文献应该属于管理领域，而不是会计学、经济学等领域。如果论文的参考文献（references list）全是经济学或会计学领域的文献，却又投稿到一个营销类的期刊，那么这篇论文肯定会失败。

学术界存在圈子，圈子内部还存在金字塔式的阶层结构，如图 4-4 所示。

图 4-4　学术圈金字塔

每个圈子里的人有多有少，但是根据学术成果和学术水平可以分成若干层次，进而形成学术圈金字塔。往往在学术圈金字塔底部的学者很多，而越往上，做得越好的学者越少。居于学术圈金字塔尖的就是各个圈子的领军人物。

所以，当选择进入某个学术圈的时候，就要认清这个学术圈金字塔，努力把自己的研究做好，向着学术圈金字塔的顶端攀爬。经验告诉我们，依靠自己的努力是可以爬到学术圈金字塔中等偏上位置的。但是爬向金字塔尖的过程非常艰难且面临全世界范围内学者的激烈竞争。在这个阶段，个人学术能力是一方面，能不能被这个圈子认可、接纳，有没有学术影响力，人际关系如何等，都非常重要。与其他圈子相比，学术圈是一个以能力作为最重要评价指标的公平竞争的社群，只要有能力就一定能得到其他学者的认可。

学术研究除了学术本身外，还涉及许多学术以外的东西，刚刚起步的时候，个人的勤奋努力、聪明才智很重要。随着自己学术网络的建立和个人影响力的积累，在学术圈子里也就逐步有了一席之地。这大概就是学者成长的过程，关键在于我们能够不断推进研究工作，创造新的知识，提升我们对真实世界的认识，从而做出学术贡献。

4.3 文献阅读的边界

1. 确定文献阅读范围

阅读文献（撰写文献综述）的目的，就是要找到现有研究与自己研究之间的理论缺口，从而把拟研究问题的理论贡献凸显出来。因此，首先需要把与某一个主题相关的文献找出来，进行阅读，并有效地评价这些文献，找出这些文献与拟研究问题之间的关系。

阅读哪些文献与所关注的问题密切相关。每个研究问题都会有一个关注点（如 A → B 的影响）。而相关文献一般可以从两个方面着手展开查询（参照 ABC 框架）：一方面是研究关于 A 的后果的文献，另一方面是研究关于 B 的前因的文献。任何一项拟开展的研究，一定包括这两类相关的文献。此外，还有一些直接研究所关心问题的文献。总之，阅读文献的时候，要知道研究问题是什么，以及和它相关的主题是什么，然后再根据这些主题去找文献。

以研究 CEO 性别对公司慈善捐款的影响这一问题为例。第一步，要查询是否有人直接做过这项研究，也就是要去搜索、阅读直接相关的文献。直接相关的文献就是任何关于 CEO 特征跟公司慈善捐款间关系的研究，特别是看一下有没有人研究过 CEO 性别对公司慈善捐款的影响。有时没找到直接相关的文献，这一方面意味着这个研究问题可能有新意而可以做（注意我们讲过，这样并不一定有研究价值），另一方面意味着没有直接的文献可以参照，因而做起来可能会比较有挑战性。而当存在直接相关的文献时，虽然已经有人做过了，但是任何一项研究都会有不足，接下来要做的事情就是在前人研究的基础上，再往前走一步，完善其理论，提升理论完整性。

经过第一步的文献查询，大致能够了解和掌握学术界对该问题的研究进展情况。如果最近三年有相关论文在顶级期刊上发表，那么这一话题应该是大家感兴趣的，继续做这一研究应该是有价值的。但是，如果直接相关的文献都是五年以前的，则需要审慎地评估一下继续做这个问题的研究是否真的有价值。否则，为何最近几年没有学者关注呢？

如果在第一步文献查询中没有找到直接研究 A 与 B 之间关系（A → B）的文献，这时就需要进入第二步文献查询，读两类文献：

- 研究因素 A 会产生什么影响。
- 研究什么因素会影响 B。

针对第一类，需要把研究 A 所产生影响的文献全部读一遍，阐明虽然已经有人做了很多关于 A 的后果的研究，但是没有人研究过 A 对 B 的影响；针对第二类，可以说明有很多研究 B 的影响因素的文献，但是没有人研究过 A 对 B 的影响，这样也就是在说明现有研究的缺口在什么地方。把这两个方面的文献总结出来以后，就容易展现本研究的贡献是什么。

如第 3 章所述，需要注意的一点是不仅要说别人没做过，还要重点解释"没做过那又怎样"，即不研究这个问题会带来什么严重的影响，这样才能体现出研究的意义所在。

2. 避免盲目和忽视

在阅读文献之前，要清楚查找什么文献来支撑想研究的问题，如图 4-5 所示。比如，如果想研究网络对激进行为的影响，一般而言，需要从两个方面去收集文献，以避免把文献读偏：

- 查询与这个主题直接相关的文献。
- 查询与问题中所涉及的概念相关的研究（借助 ABC 框架），比如使用网络产生的后果和激进行为产生的前因。

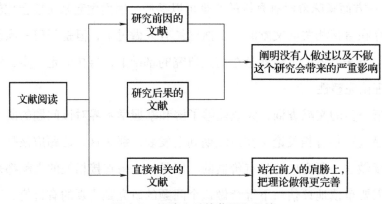

图 4-5　阅读文献的范围和目的

在阅读文献的时候，除了要遵循上述两个原则外，还要避免两个问题：盲目（blindness）和忽视（ignorance）。盲目是指读了几篇文献后就感觉对这个领域很懂，而不再继续查询、阅读文献了，从而导致忽视文献的问题。而一项研究是否存在忽视文献的问题，有经验的学者（论文评阅人）很容易从论文后面的参考文献看出来。很多人在评审一篇论文的时候，都喜欢先看参考文献，比如先看一下有没有引用评审人本人的论文，如果没有引用，就觉得这么相关的研究都没有引用到，这篇论文的水平看起来不高（审稿人也是有偏见的）。所以，收集文献时一定要查询到相关研究中的代表性文献。

忽视是指在阅读文献的时候捡了芝麻，丢了西瓜，要读一些重要、经典的文献，这是很重要的。对刚读研的学生而言，要想了解某个领域，把这个领域相关的书读一下是最快的方式，因为书籍实际上是对这个领域的一个系统的总结。

4.4 查询文献的途径

1. 根据参考文献查找

一篇论文后面的参考文献也是非常重要的文献来源。如果我们读到一篇很好的论文，又和自己的研究直接相关，就可以查看后面的参考文献，看参考文献中有哪些论文还可以看，这样可以高效地找到很多相关论文，特别是有些论文可能不在自己所关注的领域中。这种方式有助于更为广泛地了解某个问题的相关研究情况，如政治学、经济学的相关研究。

2. 利用关键词搜索

这是最常用的一种文献查询方式。在查文献时需要知道所研究的问题能用哪些关键词来概括。另外，有些关键词除常用的专业术语表达以外，可能还存在一些近义词的表达方式。例如，企业社会责任（corporate social responsibility）是最常用的专业术语，但还包括一些近义词，如企业社会绩效（corporate social performance）、企业慈善（corporate philanthropy）、企业环境绩效（corporate environmental performance）等。掌握某个领域的专业术语和近义词对全面查询文献来说至关重要，这需要在平时阅读文献的过程中不断积累总结。

当知道相应的关键词后，查询文献就很容易了。每所学校的电子图书馆中的数据库几乎涵盖了各个学科的期刊文献，从而方便学生利用关键词进行查询。更为简便的方法则是通过关键词在谷歌学术（scholar.google.com）中查询英文文献。除了谷歌学术外，必应学术（cn.bing.com/academic）可以作为查询英文文献的替代途径。

3. 跟踪本领域领军学者的研究

查询文献还需要紧密跟踪居于学术圈金字塔尖的学者所开展的研究，可以用谷歌学术直接查询学者的名字找到其发表的论文，还可以据此查询到这些学者的个人网站。很多学者喜欢把自己的工作论文（working paper）挂在网上。如果想了解一个学者在做什么研究，重点要看他的工作论文，就是还没发表出来的、最近在做的研究，这样就可以知道他在关心什么问题。

4. 跟踪国际顶级期刊

英文期刊文献众多，而个人的时间、精力有限，如何选择有价值的文献阅读，这就需要研究者具备文献鉴赏能力。最简单的判断标准就是看文献所刊发期刊的档次。通常管理学者普遍认可的顶级期刊是纳入UTD24的24本期刊（https://jindal.utdallas.edu/the-utd-top-100-business-school-research-rankings/list-of-journals），如图4-6所示。

The Accounting Review Since: 1990	Journal of Accounting and Economics Since: 1990	Journal of Accounting Research Since: 1990	Journal of Finance Since: 1990	Journal of Financial Economics Since: 1990
The Review of Financial Studies Since: 1990	Information Systems Research Since: 1990	Journal on Computing Since: 1990	MIS Quarterly Since: 1990	Journal of Consumer Research Since: 1990
Journal of Marketing Since: 1990	Journal of Marketing Research Since: 1990	Marketing Science Since: 1990	Management Science Since: 1990	Operations Research Since: 1990
Journal of Operations Management Since: 1990	Manufacturing and Service Operations Management Since: 1999	Production and Operations Management Since: 1992	Academy of Management Journal Since: 1990	Academy of Management Review Since: 1990
Administrative Science Quarterly Since: 1990	Organization Science Since: 1990	Journal of International Business Studies Since: 1990	Strategic Management Journal Since: 1990	

图4-6　UTD24期刊名录

根据各个学校在UTD24期刊上每五年所发表的论文数量，国际上建立了一个商学院科研能力排名。这个评价指标相当简单，但是影响力很大，特别是在管理学领域。图4-7截取了2015~2019年全世界范围内商学院发表UTD期刊论文的排名。通过这个排名，我们可以看到学科声誉好、有实力的商学院都是研究型大学，排名均靠前，且与我们心目中的顶尖商学院的名单高度重合。由此可见这一评价指标的权威性。

Rank	University	Articles	Score	Country
1	University of Pennsylvania (The Wharton School)	322	174.70	USA
2	New York University (NYU) (Leonard N Stern School of Business)	267	120.14	USA
3	Harvard University (Harvard Business School)	222	112.79	USA
4	Columbia University (Columbia Business School)	224	105.11	USA
5	**University of Texas at Dallas (Naveen Jindal School of Management)**	**221**	**104.86**	**USA**
6	Stanford University (Graduate School of Business)	194	95.29	USA
7	University of Southern California (Marshall School of Business)	194	95.26	USA
8	University of Chicago (Booth School of Business)	195	95.18	USA
9	INSEAD (School of Business)	205	94.06	France
10	Duke University (The Fuqua School of Business)	200	93.10	USA
11	Massachusetts Institute of Technology (Sloan School of Management)	199	93.05	USA
12	University of Texas at Austin (McCombs School of Business)	190	89.97	USA
13	University of Michigan at Ann Arbor (Ross School of Business)	188	89.29	USA
14	University of Minnesota at Twin Cities (Carlson School of Management)	211	89.04	USA
15	University of Washington at Seattle (Michael G. Foster School of Business)	185	85.50	USA
16	University of Maryland at College Park (Robert H. Smith School of Business)	194	82.34	USA
17	University of Toronto (Joseph L. Rotman School of Management)	182	80.94	Canada
18	University of North Carolina at Chapel Hill (Kenan-Flagler Business School)	189	80.65	USA
19	Indiana University at Bloomington (Kelley School of Business)	177	80.08	USA
20	Northwestern University (Kellogg School of Management)	169	79.64	USA

图 4-7　基于 UTD 体系的院校排名

在这个期刊目录里，工商管理领域有六本期刊，这六本期刊就是工商管理领域的顶级期刊，因此需要牢牢记住这几本期刊的名称。*Academy of Management Journal*（AMJ）是美国管理学会（AOM）的会刊，主要发表实证类论文；*Academy of Management Review*（AMR）也是美国管理学会的会刊，主要发表理论文章；*Administrative Science Quarterly*（ASQ）是康奈尔大学主办的，发表的论文以实证为主，但侧重政治学；*Journal of International Business Studies*（JIBS）是国际商务学会（AIB）的会刊，发表有关国际商务研究的论文；*Strategic Management Journal*（SMJ）是战略管理协会（SMS）的会刊，主要发表与战略管理相关的实证研究成果；*Organization Science*（OS）是运筹学和管理学研究协会（INFORMS）的会刊，主要发表实证类论文。经常到这六本期刊的主页上看看最近发表的论文，也是一种跟踪学科前沿的方式。

除了 UTD24 外，国际上还有个期刊目录——FT50。FT50 是英国《金融时报》从商学领域的国际期刊里选出的 50 本用于评价世界范围内商学院科研实力的一个期刊目录，这个目录比 UTD24 期刊目录的范围更大一些。

据此，管理学者习惯性地把管理类的国际期刊做了一个分级：UTD 24 是 A+ 级，FT50 是 A 级，再往下是 B 级和 C 级等，具体可以参考商学院协会

（Association of Business Schools，ABS）期刊分级目录。平时阅读论文要尽量多读 A 级以上期刊发表的论文，这一点尤为重要。如果自己研究参考的文献都是 A 级以下的期刊，那么研究成果也就很难发表在顶级期刊上。多看高级别期刊上的论文会对自己的研究有更大的帮助，更有可能做出有价值的成果来。

5. 跟踪中文顶级期刊

除了阅读英文文献外，还需要阅读中文文献。这也是了解有关中国研究进展和热点的一个重要途径。毕竟管理学的研究强调"顶天立地"，要求解决中国的实际问题，而非为了发论文而发论文。尤其是当下特别反对"唯外文论"，故而好的研究成果也可以发表在好的中文期刊上。

管理类的中文期刊也有很多，如国家自然科学基金委员会管理科学部认定的 A 类期刊。其中，有两本期刊一定要经常去读，就是《经济研究》和《管理世界》。查询中文文献的一般渠道是中国知网（www.cnki.cn）。

6. 跟踪工作论文

论文的发表是有周期的，当下发表出来的论文，很有可能都是三五年前做的研究工作。一些顶级期刊发表出来的论文时间周期可能更长。但如果又想知道学者们最近在做什么，这就需要看看他们的工作论文，即已完成但还没发表出来的一些新的研究成果。这样将两个文献来源结合起来，一方面可以查询发表出来的论文（期刊文献），另一方面可以查找还未发表出来的研究成果，从而更为全面地掌握某一领域的研究进展情况。

查询工作论文除了前面说的可以通过学者的个人网站外，还可以通过 SSRN 这一免费网站（www.ssrn.com）来查询，这是全球最大的工作论文交流网站（以经济学论文居多，也有很多管理学论文）。

4.5 选择文献

至此，仍有一个很重要的问题尚未解决，那就是如何知道现有的相关研究到底做到了什么程度？换句话说，怎么样把这些相关文献都找到？因为只有查找到这些文献，才有可能了解学术界关于这个问题的研究都做了什么。

查找文献过程中很重要的一点就是要保持灵活性。举个例子，如果想查一下什么因素影响公司绩效，只想到"corporate performance"并用这个关键词去查询文献，那么绝对会遗漏非常多的文献。查找文献本身就是一项非常重要的能力。有时针对同一个问题，运用同样的途径和方法，不同的人找出来的文献资料的价值差异非常大。因此，对初学者而言，一定要自己动手去查文献。尤其对做研究而言，光听、光看而不动手是肯定学不会的。

随着大量的文献资料被查出来，还要学会进一步地筛选，找出最有价值的文献。并不是所有文献都值得去读，这一点前文已提到过。那么如何筛选文献，有何标准可以遵循？这里以查询"影响企业社会绩效的因素"相关的文献为例，说明如何筛选文献。

首先使用英文文献查询工具——Google 学术（scholar.google.com），通过关键词"corporate social performance"搜索文献，可以马上找到许多相关研究，如图 4-8 所示，google 反馈回来 300 多万条数据。

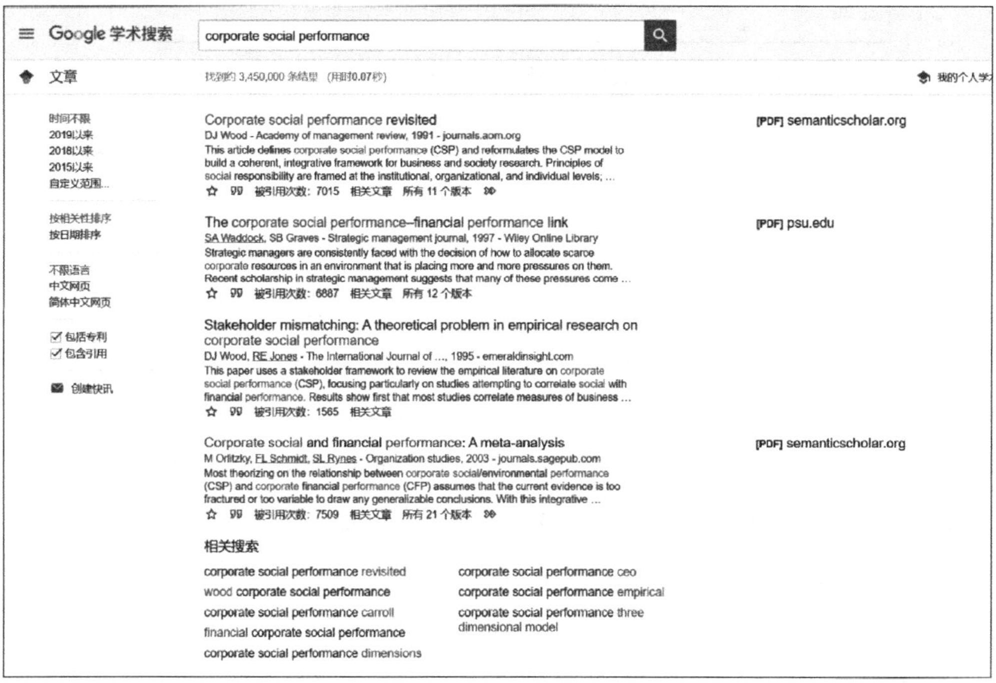

图 4-8　Google 学术查询结果：关键词"corporate social performance"

另外，可以以 Bing 学术作为补充去查英文文献。利用同样的关键词，以下是 Bing 学术的查询结果，如图 4-9 所示。可以看到，两者返回的查询结果有不小的差异。

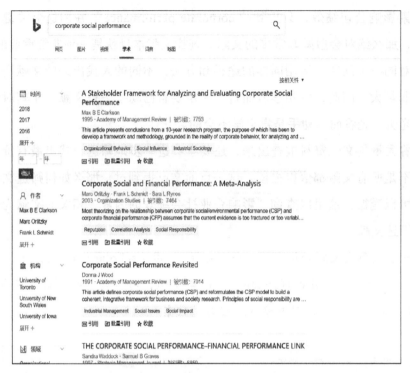

图 4-9　Bing 学术查询结果：关键词"corporate social performance"

面对如此海量的文献资料，应该如何筛选出自己所需要的资料呢？或者说面对海量文献，怎样评判哪些文献是必须读的（对自己所做研究有用的）？有两个很简单的鉴别标准：一是文献引用次数，二是期刊档次。如果一篇文献符合这两个标准，即发表在高水平期刊上且引用次数也很高，那肯定要读。

如图 4-8 所示，第一篇论文（Wood，1991）是 1991 年在 AMR 上发表的，被引用 7 000 多次。这一篇文献符合两个标准（UTD 顶级期刊 + 高被引），所以属于必读论文。接下来，第四篇论文（Orlitzky、Schmidt 和 Rynes，2003）发表的杂志是 *Organization Studies*，不是 UTD 顶级期刊，但是属于 FT50 期刊，论文被引用了 7 500 多次。这篇文章是 2003 年发表的，做了一个元分析（meta）。作者把所有研究企业财务绩效和社会绩效间关系的文献整合到一起，做了一篇综述分析。读完这篇文章，就相当于把 2003 年以前关于这两个变量间关系的研究都梳理了一遍，故而也是必须要读的论文。

如前所述，针对企业社会责任这一领域，还有一些同义关键词，例如"corporate social responsibility"。在 Bing 学术中输入"corporate social responsibility"关键词后，同样能够找到许多文献（如图 4-10 所示）。

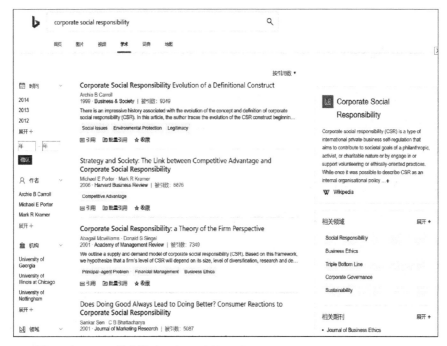

图 4-10　Bing 学术搜索示例：关键词"corporate social responsibility"

第一篇文献（Carroll，1999）发表于 1999 年，被引用了 9 300 多次，虽然所发表的期刊 *Business & Society* 并不是顶级期刊，但作者很厉害，企业社会责任的金字塔理论是他提出来的。所以，这篇文章也是需要读的。

接下来，第二篇文章（Porter 和 Kramer，2006）讲企业竞争优势与社会责任，这是 Michael E. Porter 写的，2006 年发表在《哈佛商业评论》上，被引用了近 9 000 次，这也需要读。再往下，这篇名为"Corporate Social Responsibility：A Theory of the Firm Perspective"（Mcwilliams 和 Siegel，2001）的文章是 2001 年发表在 AMR 上的，时间不是很长，但被引用了 7 300 多次。

对初学者而言，记住哪些期刊是顶级期刊对于提升文献鉴别能力很有帮助。另外，这几个例子也说明，如果不换同义关键词去查询文献，就会遗漏很多必读文献。依此类推，通过这种方式可以找到很多关于这一领域的重要文献，通过阅读这些文献，你能够快速了解这个领域的研究现状。

总之，在搜索文献的时候，要反复去问自己有没有丢掉一些重要的论文（避免盲目和忽视）。找文献的时候，最担心的一点就是会不会把一些顶级期刊上发表的重要文献遗漏掉，这样会给后面的研究带来非常大的麻烦，一定要避免出现这样的情况。只有通过使用不同的同义关键词扩大文献的搜索范围，才能保证尽量多地找到相关领域的文献。

4.6 管理文献

随着研究工作的开展，我们下载的文献数量会数以百计。如何高效管理这些文献？例如，当自己想在电脑上找某一篇文献的时候怎样才能快速找到？这里有一些经验方法供读者参考。

1. 按照研究主题建立文件夹

建立文献文件夹，这一点很重要。刚开始读文献的时候，因为文献数量少，可能就那么几篇，或许还能记住每篇文章的内容。时间长了，当电脑里存了几百篇文献的时候，不可能记住每篇文献的内容。此时，就可以按照文献的主题或关键词，将文献进行归类。例如，按照企业社会责任、媒体治理、财务信息披露等设置主题，将与自己研究相关的文献进行归类整理，放到不同的文件夹里，这样能够有效地管理文献，也方便查找文献和回忆起文献的内容。

2. 用文章名命名文件

从数据库里下载下来的文献，其文件名一般都是一些乱码或一些不太熟悉的信息，那么就要养成习惯，把文章的标题贴在上面，作为这个文件的名字来保存。这样有非常大的好处，以后可以很容易地找到。此外，还可以对阅读过的文献做必要的标记，比如在标题上做一些记号，哪些文献比较重要，要标记出来。

3. 利用软件管理文献

文献管理软件有 NoteExpress、EndNote 等，就个人经验而言，笔者觉得最好用的是印象笔记，而 NoteExpress 对写大论文很有帮助，特别是需要按文中出现顺序排列文献的时候很好用。

4.7 想象力牵引的文献阅读

文献都下载之后到底应该怎样阅读文献呢？这也是一个很重要的问题。很多学生阅读文献看过就忘（过目就忘），尤其是读英文文献，特别容易看了后面的忘了前面的内容。

真正读懂一篇文献要达到这样的境界：读完文献之后，脑海里印着哪个人哪一年在哪个期刊上研究了什么问题，他的观点是什么，用的是什么数据，结论是什么，贡献在哪方面，论文还存在什么样的问题……要能在脑海里储存这些信息，这一点非常重要，不然和别人讨论学术会被发现说话外行，撰写论文的时候则大脑一片空白，尤为痛苦。

那么，怎样可以把文献如此编码出来，印在自己的脑海里呢？关键在于要带着兴趣和问题去读。就像看电视剧一样，我们经常会在每次看完一集后预设、猜测下一集的剧情，这样就带着问题和想象去看下一集，然后在观看的过程中会发现有些地方跟自己想的一样。如果剧情和想象的一样，那么我们就会觉得不出所料；而如果剧情和想象的不一样，就会觉得很惊奇。这样，剧情就很容易记下来。

读文献也是一样的道理。读之前把文献打开，不要急着去看后面的内容。很多学生读文献读得很辛苦，一大早到教室就打开电脑，点开文献，然后一坐一上午，读文献读到生无可恋，但一上午可能连一篇文献都没看完。最悲哀的是，要去吃午饭了发现还没看懂，看懂的也没记住。如果只是用眼睛看文献，脑子被文献中大量的信息不停地填塞，根本不知道哪些信息重要，哪些信息不重要，这样很难留下印象。所以，打开文献看完标题以后，首先应该停下来思考一下：如果是我的话，这个问题我会怎么研究？想象力在读文献的过程中非常重要（这一点笔者受到了美国得克萨斯大学达拉斯分校夏军教授的启发）。

举个例子，2019 年发表在 *Management Science*（UTD24 顶级期刊）上的一篇论文（Cao、Guan、Li 和 Yang，2019），标题是"Analysts' Beauty and Performance"。看到这个标题，首先要想一下：如果我是作者，会怎么解释这个问题，如何开展研究？

这篇文章是很有趣的，至少看到标题的时候就会觉得耳目一新。标题上反映的信息表明研究的是（股票）分析师的相貌（颜值）如何影响分析师的绩效，而分析师的绩效一般指的是股票收益预测的准确性，分析师绩效越差，就意味着预测越不准。那么从标题上看，这篇文章估计是研究分析师的相貌（颜值）和他推荐股票的准确率之间的关系。问题明确后，在继续读文献之前，首先要想一下这两个概念会是怎样的关系以及为何存在这样的关系，这就是所谓的看文献时要发挥想象力，这对理解文献来说非常重要。

对初学者而言，从一开始就要训练自己这样的想象力。回到我们所举的例子，高颜值的分析师是不是因颜值高而更容易获得公司内部消息？例如，颜值高的分析师更容易得到公司接待，从而能更准确地预测公司股价，又或者公司在接待高颜值的分析师时交流更加充分，从而为分析师提供更多有价值的信息。

因此在正式阅读文献之前，充分发挥想象力，想一下作者可能是如何研究的，预设好"剧情"后，再开始正式阅读文献。此时阅读文献以验证自己的想法为目的，从而会更加关注一些感兴趣的信息。在读的过程中，我们会发现作者某些地方想的与我们预设的是一样的，这样就强化了我们的判断，从而更容易理解作者的观点。更有趣的是我们还会发现作者的某些做法、论据和我们想的不一样，读了以后豁然开朗，感到惊喜，这样就更容易记住其观点和论述。因此，带着问题和兴趣阅读文献，会对文献留下深刻的印象，提高对文献的记忆能力。

总之，发挥想象力去阅读文献是很重要的一点。通过想象力牵引自己阅读才能更为迅速和牢靠地把文献的要点记住。此外，还有很重要的一点，就是对于任何一篇文献，我们只需吸收对自己研究有价值的部分即可，无须苛求全部读懂。

4.8 评价文献

除了理解文献的内容外，读文献很重要的一点还在于要能评价文献，找到其中的不足之处。事实上，在读文献的过程中，要带有批判性思维去阅读，这样往往收获会更大。我们可以从以下几个方面去考虑，这也是阅读文献要关注的一些要点。这些问题有利于我们去评价一篇文献的好坏，找到其中研究的不足。

1. 研究问题是否清晰

怎样去评价一篇文献好不好？对发表出来的论文而言，也不尽然把每个方面都做得很好。因此，可以问第一个问题——这篇文献中问题陈述是不是很清楚？相关内容对应于论文的引言部分，引言部分能不能写好的关键就在于是否把研究问题说得很清楚。如果论文的引言读了一页还不知道研究的是什么问题，这种论文大概率会遭遇"悲剧"命运。因此，研究问题是否清晰不仅可以作为品读文献的一个关注点，也可以作为写论文的一个检查标准。

2. 研究贡献是否显著

这篇文献的理论相关性或理论价值是否明确？它的理论贡献我们认不认可？是不是真的有贡献？前文提到的一篇研究分析师颜值的论文，有很多人觉得没有理论意义。表面上看，好像是没有理论意义，因为它发现的关系大家好像都知道（生活中有这样的经历）。但是，我们不能只从表面现象上看这项研究，它的理论意义在于开拓了财务会计领域里的一个新方向。过去，分析师绩效影响因素的研究大都关注的是与显性的激励机制相关的因素，如分析师的报酬、教育背景等，忽略了很多隐性的因素。但是据此文看来很多隐性的因素，例如，社会习俗、刻板印象等都会对行为决策、绩效产生影响，这才是这篇文献最大的价值所在。

3. 理论是否可靠

一般来说，对缺乏经验的初学者而言，一开始读文献基本上会认可论文的所有观点和论述，但是有了一定积累之后，就会慢慢发现文献里讲的不一定都是对的（即便是 UTD24 期刊上发表的论文）。例如，研究 A → B 的影响，那么 A 影响 B 是通过什么机制在发挥作用，作者有没有把这个机制阐述清楚？这是核心。但是，作者有时给出的解释也不一定很有说服力。例如，Li、Massa、Zhang 和 Zhang（2019）做了一项非常有趣的研究，他们发现雾霾严重的地区投资者决策更加不理性，原因在于雾霾导致投资者认知偏差。

4. 研究设计、变量测量和数据分析是否可靠

数据方法是否得当同样是评判一篇文献是否科学的重要标准。具体包括：文献中实证部分的抽样方法是否合理？样本对不对？研究设计合不合理？变量测量方法对不对？作者的分析结果是否可靠？所得的结果能否支持假设？

实证研究特别强调可比性，因此评价一篇文献的研究设计、变量测量是否得当的关键在于是否有依据。例如，相关研究普遍采用的是线性回归方法（OLS），而这篇文献采用的是 Logit 模型，那么就要仔细看一下作者有没有解释为何如此，并进一步判断是否认可作者的解释。

上述这些问题也是评价一篇文献好坏的一些常见标准。总之，评价的标准主要是：

- 研究问题是否清晰？

- 研究贡献是否显著？
- 理论是否可靠？
- 研究设计、变量测量和数据分析是否可靠？

4.9 高效积累文献

1. 养成精读的习惯

对于顶级期刊上发表的经典文献，特别是与研究问题直接相关的文献，要注意精读，并且要养成做笔记的习惯。研究的问题是什么？贡献在什么地方？理论是什么？怎样解释变量之间的关系？怎样提出假设？主要理论是什么？怎样选择样本？怎样测量变量？还有哪些不足？把这些要点整理出来，对今后开展自己的研究是很有帮助的。特别是总结文献中的不足，一方面作者会自己提一些研究不足（这些论文里写的研究不足很多都很难实现），另一方面更为重要的是结合自己的思考去发掘一些还可以继续研究的问题，这一点价值更大。

就个人经验而言，笔者撰写论文的时候，想到一个研究主题之后，会仔细筛选、确定十篇左右和这个主题直接相关的文献，然后仔细阅读、做笔记，整理、总结这十篇左右的文献的不足之处，之后再回过头去看最开始想研究的那个问题，思考一下自己到底要做什么，这个研究可能的贡献是什么。想清楚了这些再动手。基本上，一项研究主要参考十篇左右高质量的文献就足够了（虽然论文最后的参考文献目录中列出了很多文献）。

2. 积累相关术语和定义

学术术语是开展学术交流、撰写学术论文必备的专业语言（如企业社会责任、利益相关者诉求、高管团队、利益冲突、代理成本等）。为什么有的研究者写出来的论文看起来没有深度或水平不够高？一个显著的特征就是用了太多的大白话，缺乏学术性，对学术术语不了解，显得很外行。

另外，有很多学术术语有其自身的特殊含义，这是影响理解文献内容的一个很重要的因素。只有搞明白这些术语的含义，才能更好地理解和掌握文献的逻辑和思想。例如，合法性（legitimacy）这个术语在战略管理的文献中使用非常普遍。但是这个术语也是非常难理解的，特别是容易与这个词的字面意思混淆。很多初学者会把合法性理解为符合法律规定。然而按照 Suchman（1995）经典文献的定义，合法性指的是企业的行为符合社会文化价值观。

此外，科学研究也特别强调可重复性（replicable）。而要保证研究的可重复性，很重要的一点就在于要保证研究中对关键概念或变量的定义与已有文献是一致的，只有这样才能保证学者们是在同一基础上讨论问题。例如，公司绩效就是一个很宽泛的概念，我们可以定义公司绩效是企业的资产回报率（ROA），也可以定义公司绩效表示企业的市场价值，还可以定义公司绩效表示公司的收入。但是不同的定义所分析的问题是不一样的，而要保证定义一致，就需要通过阅读文献去确定定义来源。

3. 积累重要的观点和论据

读文献还需要积累一些重要的观点和论据。每一篇论文为了解释一个关系（A → B）都会提供若干条论据并据此构建其符合逻辑的解释。如果一篇文献在解释某一个关系时提到一个很新颖、重要的观点，一定要记下来，之后自己写论文的时候可能用得上。

这就要求我们读完文献能够记住每篇文献的核心观点、作者是谁、在哪个期刊上发表的、哪一年发表的、标题是什么、关键词是什么等。我们在写论文的时候需要引用很多文献，当用到某个观点或论据而需要有依据或支撑时，脑子里应该马上就能想起一些相关研究中所提供的证据。

然而，对刚刚进入研究生阶段的学生而言，要做到这点好像很难。大部分情况下，学生们读了一篇文献后什么都不记得，一点印象也没有。这是很普遍的现象，甚至一些博士生也存在这样的问题，根本原因在于读文献不得法。

与兴趣有关的东西往往最容易被记住，例如，我们对于喜欢看的电视剧、电影里面的情节耳熟能详，对于看过什么电影，听过什么歌，看到什么八卦新闻，很容易记住，然后能够如数家珍地复述出来，可是为何看文献的时候过目就忘呢？

其实最核心的问题是读文献的时候没用心，只是把文献过了一遍，文献中的信息从脑子里面一闪而过，一点痕迹都没有留下。所以一定要善于阅读文献。如何正确阅读文献前文已述，简单说就是要带着目的去读。一般而言，经过训练，读一篇文献掌握其核心思想一般只需要半个小时，然后就能够把它的要点梳理出来。另外，好记性不如烂笔头，积累文献很重要的一点就是要养成好习惯，把看过的文献里面的重要观点记下来，久而久之也能提升自己的文献理解能力。

4. 整理文献，建立文献树

研究都是在前人的基础上进一步深化而成。因此，每个主题的研究都会有一个文献树，新的研究都是从旧的研究里生长出来的，如图4-11所示。

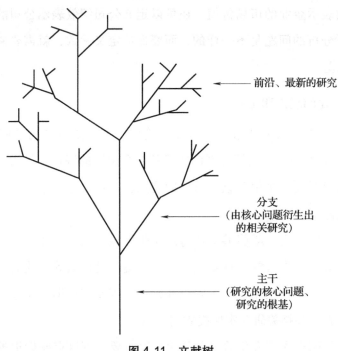

图 4-11　文献树

对任何一个领域的学者而言，都要清楚某个理论是从哪里来的，现在的研究在朝哪个方向发展。以企业社会责任研究为例，主干代表本领域的核心问题，如企业履行社会责任能否提高企业绩效。主干上面也会长出很多分支，分支就是一些相关的研究，如企业社会责任对利益相关者的影响、社会责任的动因研究等。而前沿现在关心什么问题是我们阅读文献时需要特别关注的。例如，当前特别关注利益相关者诉求冲突如何影响企业履行社会责任，以及社会责任沟通方式选择等问题。所以在读文献的时候，既要读每一个领域的经典文献，也要读最新的文献，这样才能慢慢地建构起文献树，进而丰富自己对某一领域研究的了解。

关于如何快速搭建起文献树的骨架有一个小技巧，就是每一个成熟的领域里都会发表一些文献综述,可以首先阅读这个领域的文献综述,从而能够高效地对某一个领域有基本了解。当然,要注意的是,文献综述也是基于作者对某一领域的理解而整理形成的,不一定是完备的。因此,在自己整理构建关于某一领域的文献树的时候,要时刻保持审慎的态度,要有自己的理解,带着批判性的思维去阅读、利用这些综述论文。

随着在某一领域阅读的文献越来越多,构建文献树进而把每个研究分支整理出来,对于理解文献之间的脉络联系,对某领域的研究有一个全局性的把握是非常有益的,这能辅助我们更好地理解和记忆文献内容,也是做研究必备的技巧。如果不懂得这个,读的文献很多但会很散,缺乏联系,难成体系。这会直接导致所提出的研究问题缺乏与已有研究的联系,无法准确定位其在文献树上的位置。

需要注意的是,越是好的期刊上发表的论文,越是强调理论贡献,因为这篇论文一定是在文献树上生长出的一个新的分支,或是把某一个瘦小的分支壮大了起来。而如果我们只是在主干上做研究,增添主干相关的研究而把主干做粗,这样做的贡献跟长出新分支的贡献相比,肯定是创立新分支的研究贡献更大。所以,我们做研究一定要努力做到学科前沿上。当然,我们没必要说每个人一定要去画一个文献树,但是脑子里应该要有这个构架,并且能知道每篇论文之间的关联在什么地方。

5. 紧跟顶尖学者

阅读文献还有一个很重要的目的,就是识别、追随、关注相关学科领域的顶尖学者。这样能够更好地掌握学术研究的前沿在哪里,该领域目前都关注些什么问题。所以读论文一定要读那些在顶级期刊(前面介绍的管理学顶级期刊目录)上发表的论文,这些都是经过严格的同行评审被认为具有重大理论贡献的研究成果。在顶级期刊上发表论文是很难的,竞争非常激烈。但有的人可以发四五篇,还有人能发10篇、20篇,甚至有些人能发三四十篇,这些人就是这个领域的顶尖学者。

在读文献的过程中,如果发现某些学者的名字反复出现,那么就要注意关注这些学者的研究成果和学术动态。一定要追随学术圈金字塔尖学者的学术动态,例如,他在哪里开过会,去哪儿做了讲座,最近在跟谁聊天、聊什么,这些一定要掌握,就是要做他的小粉丝,跟着他,时刻了解他的构想,因为他领导着这个学科的发展，他的观点对这个学科未来的走向非常重要。

通过关注和追随这些学者的个人主页，我们可以看到很多新的东西，因为越厉害的学者越喜欢更新自己的主页，而且喜欢把一些没发表的工作论文也发布到网站上。通过掌握这些信息，我们大体就能掌握本领域的学术大咖都在关注什么问题，从而能更有效地紧跟学术前沿。另外，对刚刚步入研究生生涯的学生而言，往往不太了解每个领域哪些学者比较厉害，此时需要与导师进行沟通，在导师的指导下去追踪本领域的领军人物。

4.10 撰写文献综述

从本质上讲，写文献综述的意义在于除了帮助我们了解这个领域已经做了什么样的研究外，更为重要的是了解还有什么研究没有做。而研究者的工作就是把这个没做或不知道的东西填补上，这也就做出了管理研究非常注重的理论贡献（theoretical contribution）。

很多初学者会认为自己研究了一个以前没有人研究过的现象，从而认为自己做出了突出的理论贡献。举个例子，以前有很多人研究过这样一个问题——企业的规模与其媒体曝光度之间是正相关的。也就是说，一家企业如果规模越大，越容易得到媒体的曝光（报道）。对纸质媒体来说，记者们都喜欢报道那些大公司的新闻。随着社交媒体的流行，就有学生提出这样一个问题，大公司在社交媒体上是不是也可以获得更多的粉丝呢？两个问题对比，一个研究的是吸引媒体记者写关于公司的新闻报道，另一个研究的是吸引网友（网络用户）的关注，这两个问题不太一样。另外，由于社交媒体也是最近十来年才兴起的，关于社交媒体的研究确实比较少。那么，如何判断这个问题有没有价值？

参照前文所述，如果想说明这个研究有意义，不能只说以前大多数学者都是研究纸质媒体报道，关于社交媒体的研究比较少，还应该说明以前关于纸质媒体的研究主要用什么理论予以解释，但这个理论如果放到社交媒体环境下不一定成立，即不能很好地解释社交媒体平台上的用户行为（如转载、点赞）。故而现有的理论对于解释这个新现象是有缺陷的，所以才要做此项研究。

综合前面所讲，写文献综述实际上要做的事情就是回答三个问题。

问题1：我们知道什么。关于某一个主题（topic），我们知道什么（what we

know），这是第一个要回答的问题。我们写文献综述首先要说我们知道什么，已有研究已经做了什么。在这个过程中，我们需要自己建构一套文献整理的体系来系统说明相关研究的情况。

问题 2：我们不知道什么。当我们系统总结了已有的研究工作，文献综述需要写的内容应该已经完成了 80%，但是从支撑研究贡献的角度而言，可能不到 50%。这是因为，我们还需要在系统总结现有文献的基础上对现有研究的不足进行评述。所以，文献综述的最后部分都会有一个总结性评述，这也是文献综述中最有价值的内容。基于对现有文献的讨论要阐明我们不知道什么（what we don't know），这样引出来我们这项研究的理论贡献。也就是说，我们这项研究所要解决的理论问题就是文献综述最后所总结出来的现有研究的不足，通过弥补现有研究的不足做出理论贡献。

问题 3：如何联结已知的和未知的世界。当文献综述中说明了已知的和未知的领域时，读者自然而然就会想到这项研究就是要把这个未知的问题解决。所以做文献综述很重要的一点就是设置这样一个铺垫，让读者认可你所做的研究本身是有意义的，无论是在实践上还是在理论上都是有意义的，这就是我们做文献综述的一个核心要点。实际上，文献综述就像提议搭建一座桥梁，每一个领域就如同一些桥墩，这是我们所已知的（what we know）。而我们知道的世界和我们不知道的世界是怎样联结到一起的，以前我们并不知晓。所以，文献综述要做的事情就是"提议"把二者联结到一起，并且要告诉读者把它们联结到一起是有意义的，这就是一个完整的文献综述所要达到的目的。至于如何搭建桥梁，则是下一章提出假设部分要解决的问题。

▶ 思考与练习

1. 写出一个感兴趣的研究问题，并根据此研究问题简要阐述主要查询并阅读哪些方面的文献。
2. 在以上研究问题中，将通过哪些途径去查阅文献？请在自己的电脑上进行实际操作，将查阅到的文献下载并保存。
3. 阅读以上所下载的文献，并选出一篇自己认为具有代表性的文献，简要阐述这篇文章的主要观点以及理论贡献。

4. "Why Good Firms Do Bad Things: The Effects of High Aspirations, High Expectations, and Prominence on the Incidence of Corporate Illegality",这是一篇 2010 年发表在 AMJ 上的文章,请先不要阅读这篇文章的内容,根据题目的叙述想象这篇文章大概会讲什么内容。之后再阅读这篇文章,看文章的内容是否与自己想象的一致。
5. 请根据所感兴趣的研究问题构思一篇文献综述的框架。
6. 文献综述的要点和目的是什么?

第 5 章

提 出 假 设

本章的主要目的是阐述在管理研究中如何提出假设，以及如何基于相关理论对所提出的假设进行解释。主要内容包括研究框架的构建、研究假设的陈述、理论解释的潜在假设和调节效应的提出。

按照管理研究的流程图，之前的内容介绍了提出问题和文献综述部分，已经完成了从第一步到第二步的工作。本章则重点介绍理论构建和假设提出部分。这一步通常被认为是一项研究最核心的部分，即搭建起理论，解释概念间的关系，从而形成一套逻辑解释。

5.1 构建理论框架

在构建理论框架和开发假设之前，需要有一个明确的研究问题，在研究问题的基础上广泛阅读文献，若已有研究并不能很好地去解释这个问题，就需要用自己的逻辑把这个问题解释清楚。这就到了假设提出环节，这个过程实质上就是理论构建。这个环节最重要的两项工作是构建理论框架和提出假设。

构建理论框架就是结合自己的思考把所想研究的概念间的关系用结构图的方式清晰地呈现出来。而构建一个理论框架，首先要把研究问题抽象成若干个概念，然后把这些概念之间的关系画出来，这就是基本的理论框架。

1. 概念设计

概念设计的第一步要求能够从研究问题中提炼出概念。概念就是从一群事物中提取出来的反映其共同特性的思维单位。基于概念层面来思考问题能够极大地简化管理研究的复杂性。对概念的命名特别重要，这是保证研究顺利开展的关键。所以，在选择、定义概念的时候，一般要基于已有文献来开展。大部分的研究是在已有研究基础上所做的拓展，因此直接采用文献里面成熟的概念就能够更好地融入已有研究，从而被其他学者接受，这样也更容易加入所属学术圈的对话，在一个统一的平台上讨论、交流研究成果。

例如，某企业的营销主管有这样一个问题：为何公司最近推出的广告策略未产生显著成效？首先需要给这项研究中涉及的概念进行准确命名。广告策略是一个中性的概念，难以衡量，至少应该将其改成"广告策略的成功"或者"广告策略的效果"这样可以被操作化的概念名称，简单地说就是能把概念等价转换成可以测量的变量。

再看一个例子，"研究表明，成功的新产品开发对公司的股票市场价格有影响。也就是说，新产品越成功，公司的股票市场价格就越高"（Sekaran 和 Bougie，2016：p70）。

这是对一项研究的总结，其中陈述了一个关系，如何基于这个陈述把其中涉及的概念关系提炼出来？该观点表述的是新产品越成功股价越高。因此，可以采用股价这个通用概念。而这项研究是关注影响股价的前因，这里的前因因素按照字面意思来理解是"新产品成功"。但是"新产品成功"并不好直接测量，且每个人对于成功的理解也不尽相同（概念很难定义），故可以调整为采用"新产品销量"的概念来代替"新产品成功"，即等价于分析新产品销量是否影响股价这一问题。这样就可以用通用的概念将这个关系陈述清楚了。

如果所做的研究是开创性的，所提出的概念是全新的，没有直接相关的研究或现成的概念可以借鉴，此时对于新概念的命名和定义就很关键。其实学术圈是很挑剔和保守的，对于新概念都是持谨慎的态度。如果提出一个新的概念，就要在论文中详细说明这个概念的内涵、外延以及与已有相关概念的差异所在，并进一步说明采用这样一个新的概念是必要的。所以，对很多研究者而言，这方面的难度过大，因此首先还是应考虑如何借用现成的概念来提炼问题，这样会更具可操作性。此前笔者和学生一起做了一项研究，研究主题是企业的捐款趋同行为，引入了一个概念"compliance imitation"（顺从模仿）。但是，审稿人认为没有必要引入这个概念，因为制度理论里面已有一个成熟的类似概念——

"intraorganizational imitation"（组织间模仿）。如果我们想坚持用自己提出的概念，就需要花很大精力去辨析清楚这两个概念之间的差别。

另外，即便是借用已有的概念，也要仔细鉴别，并选择与自己研究的问题最为相关的概念表述。例如"公司绩效"这个概念，英文文献中用到的概念表述很多，像 corporate performance、corporate profit、corporate value 都有表示公司绩效的含义。这就需要了解不同概念表述对应的研究侧重点是什么，据此将这些细微的差异区分开。corporate performance 强调的是公司的盈利能力。corporate profit 是用公司的总收入或净利润来衡量的，是会计领域相关研究常采用的表述。而 corporate value 一般是指公司市值这一概念，一般用公司的股票市值来衡量，在投资者和股票市场反应的研究中普遍使用。

2. 理论框架

构建理论框架首先是把概念之间的关系描述出来，通常研究者会对所提出的问题、所关注的现象有一定的思考，基于此构想出概念之间的关系，比如是正相关、负相关还是 U 形关系之类的。一个最简单的理论框架就是在概念 A 指向概念 B 的箭头上面标上正号、负号或者其他符号。这表示概念 A 与 B 之间的因果关系，即 A 如何影响 B（如图 5-1 所示）。A 是前因，B 为结果。学者们关心的就是如何解释 A 对 B 的影响。

图 5-1　概念框架

进一步，还可以考虑在框架中加入一些情景因素（M）。战略管理研究常用的关系图即主关系加调节关系，如图 5-2 所示：

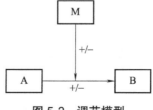

图 5-2　调节模型

也可以进一步解开 A 如何影响 B 的内在机制，如通过概念 C 来传递这一影响，即中介模型。中介模型在组织行为的研究中比较常用，如图 5-3 所示：

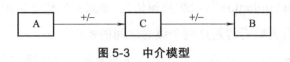

图 5-3 中介模型

以上就是最常见的三种研究框架。

5.2 假设陈述

假设（hypothesis）是一个陈述（statement）或一个想法（proposal），是关于概念之间关系的一个陈述，即假设是关于概念之间关系的可检验的陈述。理论框架是展示研究者所认为的某种现象如何与其他现象联系到一起，或者概念之间是一种什么样的关系，例如，理论框架图中展示 A 和 B 之间正相关，那么就需要有一些论据和逻辑论述去支撑这一假设关系。也就是说，构建理论框架是对所提出概念之间的关系给出符合逻辑的解释。

1. 假设陈述的技巧

假设实际上就是基于理论框架将概念之间的关系陈述出来，比如：A 跟 B 之间正相关，这就是一个标准的假设。阅读文献的过程中也会偶尔见到有论文提的假设是：A 与 B 不相关。但是要证明 A 与 B 之间不存在关系，理论上是非常困难的，故而不建议如此提出假设。

例如，研究高管的年龄与经营经验之间的关系，可以先陈述假设：公司高管的年龄与其经营经验之间正相关。这是第一步，接下来就是解释为何存在这样一个关系，这个解释的环节就是构建理论。

举例而言，现实生活中部分企业会把过期的食品主动销毁，这个行为如何影响企业的声誉呢？针对这个问题，结合前文所述的概念设计的思路，可以直接用企业销毁行为和企业声誉这两个概念。企业声誉这个概念在以往的文献中被广泛使用而可以直接借用，但企业销毁行为这个概念在已有文献中并没有提及，此时就需要慎重考虑能否直接用这样一个概念去提出假设。例如，若提"企业销毁行为与企业声誉之间正相关"假设，读者很难迅速把这个研究与已有的研究联系起来。但如果把企业销毁行为提炼一下，由于该行为与企业的守信行为本质上有一些相似之处，因此如果把企业销毁行为提炼成企业的合法性管理行为（卖过期食品是不具备合法性的），就较容易连接到之前的文献里。

2. 保证假设的可执行

根据假设的定义，除能清晰地陈述变量之间的关系以外，还需要满足可检验这个条件，即能够通过数据分析来进行验证。这就要求假设关系里的概念可操作化，即可以转化成能够测量的变量。所以在提出假设的时候需要考虑，假设提出来后，能否把概念操作化而转换为变量并能够加以准确测量。关于如何进行概念操作化，将在本书后续章节进行详细介绍。此处需要强调的是，实证研究中用变量来操作、量化假设中涉及的概念，这种概念操作化的过程最核心的就是要保证变量的含义与概念的含义是等价的。如果提了一个假设，其中的概念无法操作和测量，则这个假设就不能称为假设。可见，管理研究是一项系统性工作，需要对研究流程中的每一步都很熟悉，而且做每一步都要前后考虑好几步相关的工作。

例如，想研究年龄与犯罪的恐惧之间的关系。经过思考，可以认为年龄越大的人越害怕犯罪，故而提出假设：年龄与犯罪的恐惧之间正相关。假设是基于概念提出来的关系，它能否操作化而变成一个可测量的变量，这是在提出假设的时候需要考虑的问题。就这个例子而言，年龄很容易测量，关键是如何测量犯罪的恐惧，这比测量年龄要难很多。具体内容将在后面的章节进行介绍。

如果概念难以操作化为可测量的变量，则会导致很多研究被迫夭折。例如，组织行为的研究很少做上市公司层面的研究，原因就在于很难获得上市公司员工层面的数据，而无法对相关概念进行操作。

3. 假设关系的定量化解释

为了解释方便，习惯性地把 A → B 这个关系中的概念 B 称为因变量（dependent variable，DV），这是研究者感兴趣的部分，研究的目的就是要解释什么因素影响这个变量的变化。在 A → B 这个关系中，A 就是影响 B 的因素，称为自变量（independent variable，IV），即说明自变量（IV）对因变量（DV）的影响是怎样的，或者运用计量的语言来说，就是因变量（DV）的变化或方差（variance），它多大程度上能够归因于自变量（IV）的变化，据此解释和验证它们之间的关系。

例如，如果认为个人年龄（age）越大，畏罪感（fear of crime）越强，那么意味着年龄每增大一个标准单位（ΔIV），畏罪感也相应增大若干标准单位，如图 5-4 所示：

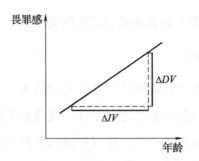

图 5-4　年龄与畏罪感之间的正相关关系

依此类推，如果当自变量（IV）的数值变化了一个单位，而因变量的数值（DV）相应减小了若干单位，则说明 IV 的变化引起了 DV 的减小，也就是说 DV 的变化可以用 IV 的变化来解释，这就意味着 IV 和 DV 之间存在负相关关系（如图 5-5 所示）。

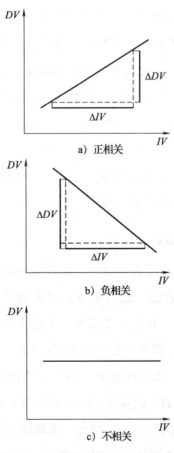

图 5-5　自变量与因变量间的关系

如果当自变量（IV）的数值变化了一个单位，而因变量的数值（DV）没有变化，那就意味着 IV 的变化没有引起 DV 的变化，也就是说，DV 的变化没办法用 IV 的变化来解释，这就意味着 IV 和 DV 之间不存在关系。

在管理研究中自变量与因变量之间最常见的关系有三种：正相关、负相关和（正、倒）U 形关系。

如图 5-6 中的 U 形关系所示，在顶点 A 的左边区域，随着自变量（IV）的增大，因变量（DV）的数值在减小；而越过 A 点后，随着自变量（IV）的增大，因变量（DV）的数值在增大。检验 U 形关系较为复杂，可以参考 SMJ 的文献"Thinking about U：Theorizing and Testing U- and Inverted U-shaped Relationships in Strategy Research"（Haans、Pieters 和 He，2016）。简单来说，自变量对因变量的影响有两股力量发挥作用：一股力量是随着自变量（IV）（用 X 表示）的增大，因变量（DV）（用 Y 表示）在增大，即 $Y=aX^2+C_1$，且是加速增大的，还有一股力量使得随着自变量（IV）的增大，因变量（DV）在减小，即 $Y=-bX+C_2$。两股力量一叠加，形成 $Y=aX^2-bX+C$，构成如图 5-6 所示的 U 形关系。这不仅是从数学上说明 U 形关系的构成，而且是论述 U 形关系假设时的主要思路。

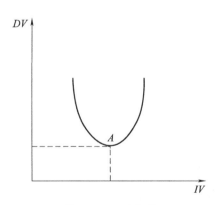

图 5-6 U 形关系

有时，数据结果可能会呈现出如图 5-7 所示的 S 形关系，那么为何没有学者提出 S 形关系的假设呢？从计量角度而言，可以尝试构建一个 S 形关系的数学模型去拟合实际数据，但是难点在于要从理论上解释存在两个取值范围，使得随着自变量数值的增大，因变量的数值是先增大，后减小，再增大。在理论上要论述这样的 S 形关系是非常有挑战性的，所以在实际研究中很少用到。

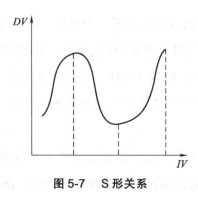

图 5-7　S 形关系

5.3　证明因果关系的四个条件

管理研究中所提的假设都是因果关系，即因为 IV 变化，所以导致 DV 的变化。这是管理研究的价值所在。而要想验证因果关系，则必须满足如下四个条件。这是非常重要的内容，是提出假设、构建理论和开展后续数据分析的指南。

1. 自变量和因变量必须相关

随着一个变量数值的变化，另一个变量的数值也发生变化，这说明这两个变量之间存在相关关系。如果自变量和因变量之间没有相关性，就不可能有因果关系。通过计算变量之间的相关系数就可以检验这一条件是否成立，所以在实证论文中都必须有一个相关系数表。但是仅仅根据变量之间的相关性并不能认定变量之间就是因果关系。

2. 自变量先于因变量发生

在每一个因果关系中，"因"必须先发生，然后才有"果"，即因为自变量的变化，所以引起了因变量的变化。自变量、因变量的变化必须要有时间上的先后顺序。这就要求在做实证分析的时候，所有的因变量取值的时间点一定是滞后于自变量的。例如，因变量是 2008 年的数值，那么自变量一定是 2007 年或之前的。当然，因研究的需要，这个时间间隔可以是各种时间跨度，可以是一年，也可以是一个季度，还可以是一个月、一天。

需要说明的一点是，现实中自变量和因变量之间可能存在交互影响而无法简单地通过人为设定变量的测量时间来确定发生的先后顺序。例如，高管薪酬和公司绩效之间的关系在公司正常经营过程中就是相互影响的：可以认为是 2018 年的高管薪酬影响了 2019 年的公司绩效，当然也可能是 2017 年的公司绩效影响了 2018 年的高管薪酬。这样就很难保证自变量和因变量的变化在时间上真实存在先后顺序（如何处理这样的问题在讲解研究设计的内容时再介绍）。

无论如何，自变量、因变量发生变化必须有时间上的先后关系，这也是做研究设计时必须保证的。

3. 不存在其他替代解释

有很多因素会影响因变量的变化，如何保证是自己所提出的因素（自变量）在发挥对因变量的作用？此时需要在考虑了所有可能影响因变量变化的因素的前提下，再分析自变量和因变量之间的关系。在实证分析中，就需要把这些其他的影响因素都纳入回归模型中作为控制变量，再把自变量加进来。如果回归结果表明自变量依然显著影响因变量，则就更加有把握说明自己的研究在考虑了其他因素影响的前提下，自变量的变化依然可以解释因变量的变化，故而可以减少对替代解释的担忧。

在做实证分析的时候，回归表格中会包含若干模型，其中模型 1（Model 1）一定是把所有的控制变量加进去的一个模型，没有自变量。其目的就在于说明首先考虑了其他可能影响因变量的因素，并且说明这些影响因素的作用是显著的（至少部分控制变量回归系数要显著），然后在后面的回归模型中才逐步加入自变量。这就是回归分析要如此设计模型的原因。

4. 有合乎逻辑的解释说明变量之间的关系

这是最关键的一条，要给出自变量影响因变量的逻辑解释（logical explanation），据此去提出假设的关系，建立理论。这也正是在假设提出部分所需要做的工作，也是本章所关注的要点。

一项研究只有同时满足了以上四个条件，才能有把握说明所提出的关系是因果关系。这一点尤为重要，不只需要记住，更需要切实理解。

5.4　构建理论

当基于理解将概念关系描述出来后（提出假设框架），例如，新产品销量与股票价格之间正相关（如图 5-8 所示），接下来就需要构建理论，就此假设关系提出符合逻辑的解释。

图 5-8　新产品销量与股票价格间关系的假设框架

1. 逻辑解释

就此例而言，其逻辑解释是：因为新产品销量提高，公司的利润就会提高，公司就给投资者建立起未来业绩良好的预期，从而投资者对公司未来的发展更为乐观而愿意购买、持有股票，股票价格随之上升。简单来说就是：新产品销量的提高会增加利润而增强投资者信心；投资者对公司越有信心，公司的股价越高。这一逻辑关系如图 5-9 所示。

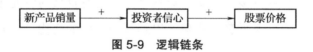

图 5-9　逻辑链条

在论述逻辑解释的过程中，需要引用一些已有的研究去支撑自己提出的论据。如此例中需要首先说明：某些学者研究指出，当公司利润越高的时候，投资者信心越强，而随后还要引用另外一些文献以说明投资者信心的提高会使其更愿意购买、持有股票而提升股价。所以，综合这些论据提出假设，认为新产品销量与股票价格之间存在正相关关系。这个因果关系的作用机制就是所构建的理论。

综上所述可知，理论就是对概念之间因果关系的逻辑解释，而逻辑解释最核心的就是构建这样一套传导机制以说明前因如何影响后果（如图 5-9 所示）。如果解释因果关系时所提出的内在机制不合理，就会影响理论的可靠性。以此例而言，有学者就会质疑新产品销量提高一定会增强投资者的信心吗？如随着新产品的上市，原有产品很可能无人问津，如果此时新产品并未完全取代原有产品而保持公司的市场份额，则随着原有产品的退出，公司的利润是否也可能降低？如果确实存在这种情况，则所构建的解释机制的前半部分逻辑就难以成立，从而影响理论的可靠性。

2. 竞争性解释

此外，还可能存在竞争性解释（如图 5-10 所示），一家公司新产品的销量越高，会让公司越有信心去进行新产品研发，从而使得投资者对公司未来发展更有信心，进而提高股价。按照这个逻辑，提高投资者对公司信心的原因不是公司利润的提高而是公司的创新投入。这一套理论的好处在于可以回避原有产品退出市场影响利润而打击投资者信心的担忧。但是，为了构建这套理论解释，同样需要去找已有研究来支撑我们提出的论点：新产品销量越高，公司越关注创新，公司创新能够增强投资者信心。

实际上，对于同一个假设关系，可以为解释因果关系提出不同的论据，构建不同的内在解释机制。那么，到底应该选择何种机制，并且如何提高这一解释机制的可靠性而减少其他学者对这一理论解释的质疑呢？这就与本书后续将介绍的引入调节变量和中介变量到假设中密切相关。

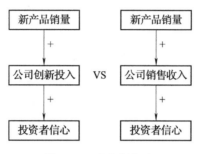

图 5-10　竞争性解释

3. 理论可靠性与引入调节变量

研究中为何需要构建含有调节变量的假设？这与构建理论、提高理论可靠性密切相关。如上例，如果认为"新产品销量提高，增加公司研发投入而增强投资者信心"这一解释比"新产品销量提高，提升公司绩效而增强投资者信心"更为合理，那么为了提高这一理论解释的可靠性，就可以考虑从情景因素的角度入手，论述在某一情景下，如果新产品的销量越大，越能激发公司加大创新投入，从而增强投资者信心，进而股价也会越高。据此提出含调节变量的假设：在某一条件下，新产品销量越高，股价越高。

例如，在高科技行业中，公司新产品的成功更能激励企业继续增加创新投入，而投资者也对高科技企业积极进行研发持乐观态度，从而进一步增强投资者信心而提高股票价格。此处需要找到一些依据以支持以上观点，从而保证理论上给出了合理的解释。如果随后数据分析结果也支持了这个假设，则更有理由相信此处提出的（创新的逻辑）内在机制是可靠的。并且考虑到竞争性解释（基于利润增长的逻辑），在高科技行业中，新产品销量越大，越能增强投资者信心吗？这个关系不一定成立（例如，苹果公司的新产品上市往往都会大卖，但是股价并没有稳步上升），故而也从另外一个侧面排除了替代解释的合理性。因此，考虑情景因素，在研究框架中引入调节变量的目的就是要提高所构建理论的可靠性。

当然，如果想支持基于利润增长的机制来解释这一因果关系，同样也可以从引入情景因素的角度来构建假设，提高这一解释机制的可靠性。例如，如果公司在原有产品市场的占有率越低，那么随着新产品销量的提高，公司的利润增长会越大，从而更能增强投资者信心。同样，相对于成熟的企业而言，新创公司如果新产品销售量越大的话，对利润的贡献越大，故而更能增强投资者信心。如果实证数据检验的结果也支持以上两个调节变量（原有产品市场占有率和新创公司）的作用，我们就更加有信心认为从提高利润的角度构建的理论逻辑更为可靠。另外，从竞争性解释的角度来看，原有产品市场占有率低或者对于新创公司而言，新产品销量的增长会让这些企业提高创新投入吗？如果这方面的依据不足的话，那么也可以进一步增强在构建理论的时候不考虑（排除）这一替代解释机制的信心。

为了解释一个因果关系，不同的逻辑解释（理论）似乎都有道理，并且在某些情景下某一理论可能更为可靠。实际上，在提出假设的时候，经常需要考虑很多不同的逻辑解释，提出不同的内在解释机制，且相互之间存在竞争关系（虽然预测的概念间的关系是一致的），甚至有时候，对于同样一对概念的关系，从不同的理论视角入手所提出的假设关系截然相反。例如，企业社会绩效与财务绩效之间的关系可能是正的（基于利益相关者视角），也可能是负的（基于代理成本视角）。而要想提高理论解释的可靠性，就可以从引入情景因素的角度来构建含调节关系的假设，强化理论的逻辑可靠性，让读者更相信所提出的理论是成立的。这也是引入调节变量在理论构建方面的意义所在。

为了更好地发挥调节变量的作用，让读者更相信所构建的理论，一般可以考虑找两个发挥不同作用的调节变量。例如，在某个条件下主关系间的影响变得更强，而在某个条件下主关系间的影响减弱，并且基于实证数据的分析也支持这一强一弱的变化，那就更有理由相信这个逻辑解释（理论）是成立的。

4. 理论的前提假设与成立条件

就研究"对员工监督如何提高工作绩效"这一问题而言，可以构建如下解释机制：公司对员工的监督（supervision）能够提高员工的有效工作时间（effective working time），从而提升工作绩效（productivity），如图 5-11 所示，即对员工的监督能够提高员工的有效工作时间，有效工作时间越长，工作绩效越高。那么在论述这个逻辑链条的时候，同样需要找一些文献去支撑公司监督能够提高员工有效工作时间的文献，而工作时间越长产量越高这一论据同样也需要相关文献的支持。

图 5-11 监督影响员工工作绩效的逻辑链条

在这个解释机制中，两个逻辑关系构成一个逻辑链条，而每个逻辑关系是否成立都有一些潜在的假设在里面，尽管在提出假设的时候会提供许多论据去支撑这两个逻辑关系（但是要注意，所引证的这些证据都是基于特定的条件才成立）。例如，就监督能够提高员工有效工作时间这一逻辑关系而言，实际上监督不一定始终能提高员工的有效工作时间，特别是对于那些有组织忠诚度的员工而言，有没有监督都会努力工作。而我们在构建解释机制的时候，实际上预先假定了所有公司中的员工对组织的忠诚度都是一样的（或者都是缺乏忠诚度的，故而需要通过监督来提高工作时间）。

据此可以放松这一前提假设，从而构建起更为完备的解释机制，进而提高理论的解释力。我们可以把这一因素作为情景因素纳入理论框架中，即认为监督能够提高员工有效工作时间，这一关系受到员工忠诚度的调节作用。具体而言，相对于组织忠诚度高的员工而言，低忠诚度的员工在接受监督以后，有效工作时间提高得更多。那么我们提出假设：员工的忠诚度越低，监督越能提高员工的绩效（或者将调节效应的假设表述为员工忠诚度弱化了监督和员工绩效之间的正相关关系）。

以上是关注逻辑链条上的第一环及其隐含的潜在假设的说明。同样，对于逻辑链条上的第二环，即"有效工作时间越长，员工绩效越高"这一论据，也不一定始终成立。这里同样存在一个潜在假设，就是时间是绩效的唯一影响因素。但是在企业生产过程中，影响产量的因素有很多，如员工之间配合的默契程度。显然，这里实际上隐含的潜在假设是公司的产品生产只与单个员工的生产时间有关，不需要员工之间的配合。而一旦放松这一潜在假设，考虑团队配合的影响，那么在员工之间的合作效率高的情况下，有效工作时间对绩效的贡献更大。这样就可以再提出一个考虑调节因素的假设：员工之间的配合度正向调节监督与员工绩效之间的关系。

总之，为了解释因果关系而提出一套解释机制、构建一套理论的时候，所提出的逻辑链条上的每一环都可能存在一些前提假设而不一定在任何情况下都成立。为了提高理论的解释力，就可以从放松这些潜在假设的角度入手，将其作为情景因素纳入理论框架，从而提出一些含有调节因素的假设，这就能够将现有理论往前推进一步而更为完善。

5. 理论构建与潜在假设（举例）

再讨论这个例子（Sekaran 和 Bougie，2016：p72）："已有研究发现，在制造业中，当工人能接触到操作手册时，他们就能生产出完美无缺的产品。"

这段话实际上陈述了一个假设关系：员工越能够接触到操作手册，则生产出来的缺陷产品越少。对这一假设的逻辑解释就是：当员工手边有操作手册时，就会按照操作手册上的说明来进行操作，从而提高操作的规范性，降低残品率。这一逻辑链条可以表示为如图 5-12 所示。

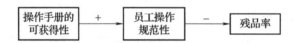

图 5-12　操作手册的可获得性和残品率间关系的逻辑链条

就这一逻辑链条，同样要思考每个环节上的逻辑关系是否始终成立，有没有潜在的假设。对于逻辑链条上的第一个环节，员工可以获得操作手册，那么是否意味着所有的员工都会去看和遵守操作手册呢？显然，这里有个潜在假设就是员工都愿意用他们可以获得的操作手册，并指导其操作而提高操作规范性。但事实上并非如此，每个员工使用手册的意愿是不同的。据此可以放松这一假设前提而引入情景因素：员工使用手册的意愿。当员工使用手册的意愿越强时，操作手册的可获得性越能降低产品的残品率（如图 5-13 所示）。

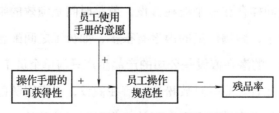

图 5-13　员工使用手册的意愿的调节作用

对于逻辑链条上的第二个环节而言，操作越规范产品的残品率也不一定越低。此处的潜在假设是：所有公司生产的产品都是定制化的，即生产工艺上很少受到人为因素或者不确定性因素的干扰。显然，不同公司生产不同的产品，这些产品性质的不同也会导致生产工艺中的不可控程度存在差异。如果公司生产的产品定制化水平越高（如制造汽车），操作流程就完全可控，那么操作手册的可获得性越能降低产品的残品率（操作规范对产品残品率的降低越为有效）。而如果产品生产工艺受到人为因素的影响越大（如艺术创作、陶艺、科研等），那么操作手册的可获得性对于降低产品残品率的作用就会越弱（如图 5-14 所示）。

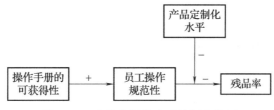

图 5-14　产品定制化水平的调节作用

故而做研究特别需要深入地了解所研究的概念之间的关系，分析它的内在逻辑是如何传导的。然后基于逻辑链条上的每一环分析是否存在潜在假设，并据此引入情景因素，放松潜在假设以构建更具解释力的理论。反之，如果我们做研究没有从理论上思考为何要加入某一调节变量，就无法从理论上构建一个完备的理论体系，这样做出的研究、构建的理论就缺乏统一的体系，也就很难得到认可。

在阅读文献时也要特别注意提炼文献中的逻辑链条，并发掘其中的潜在假设。只有这样才能更好地理解现有研究在理论上的不足之处以及更为科学地开展后续研究。前文曾经提过，调节变量一般要在研究问题所在层面的上一层或者同一层面去找。例如，研究员工行为，调节变量可以是组织层面、行业层面的因素。

再举一例，"现有研究认为组织中多元化的劳动力构成（不同的种族、国籍）对组织效率的贡献更大，因为每个员工都给工作场所带来了自己的特殊专长和技能。然而，只有当管理人员知道如何利用不同员工的特殊才能时，这种协同作用才能发挥作用"（Sekaran 和 Bougie，2016：p75）。

可以看到，此例中描述的主关系是员工多元化会提高组织效率。员工多元化意味着员工能够提供各种各样的想法和思路，不同的想法和思路能够给组织提供更多的决策意见，从而提高组织效率，如图 5-15 所示。

图 5-15　员工多元化与组织效率间关系的逻辑链条

但是，在这个逻辑链条上，如第二个环节上，有个潜在的假设是员工提供的不同想法和思路能够被有效地整合并予以实施。但是，不同的公司管理者整合意见的经验是不同的。管理者的整合经验越丰富，那么员工提出的想法和建议越能够更有效地运用到工作中从而提高工作效率，这样就能起到强化主关系的作用。同样也可以关注第一个环节，即员工多元化一定能够提供更多的想法和决策意见吗？

5.5　调节效应的四种类型

在管理研究中，据主关系的正负和调节效果是强化还是弱化了主关系，调节变量发挥作用主要有如下四种情形，如图 5-16 所示。

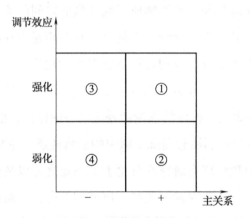

图 5-16　调节效应的类型

1. 主关系为正且调节变量强化了主关系

这是最简单的情形。主关系为正相关的几何表示是直角坐标系里面的一条直线。方程可以写为：

$$Y = \beta_0 + \beta X + \varepsilon \tag{5-1}$$

自变量 X 对因变量 Y 的影响程度可以用自变量 X 的系数（β）来表示。β 越大，表示每单位自变量 X 引起因变量 Y 的变化越大。

当引入调节变量后，如果是强化主关系，那就说明每单位 X 的变化所引起的 Y 的变化增大。在直角坐标系中，相当于表示 X→Y 之间关系的这条直线逆时针旋转，如图 5-17 所示。

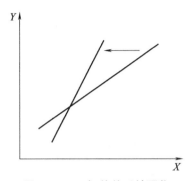

图 5-17　正相关关系被强化

引入调节变量（M）后，其回归模型是：

$$Y = \beta_0 + \beta X + \beta_1 M + \gamma XM + \varepsilon \tag{5-2}$$

式中：γ 表示交乘项的系数。

基于式（5-2），可以计算得到 x 对 y 的边际效果为：

$$\frac{\Delta y}{\Delta x} = \beta + \gamma M \tag{5-3}$$

从式（5-3）可以发现，此时 x 对 y 的边际效果为 $\beta + \gamma M$。可以假定调节变量 M 取值为正（在实证分析中，一般调节变量的取值都是正的；即便可能是负值，也可以做简单的数值变换转换为正值），那么自变量 x 对因变量 y 的影响就取决于交乘项系数 γ。显然，如果自变量 x 对因变量 y 的作用加强，那么 $\gamma M > 0$，即需要满足 $\gamma > 0$。

所以，当提出如情况 1 中所示的调节关系假设时，在实证中想要验证这一关系，实际上就是通过回归方法检验交乘项（XM）系数（γ）是否为正。

2. 主关系为正且调节效果弱化了主关系

延续情况 1 中的设定，在这种情况下，意味着每单位 X 的变化引起 Y 的变化减小。那么在直角坐标系中，这就意味着表示 X 与 Y 之间关系的直线顺时针旋转，如图 5-18 所示，同时也说明 $\gamma M < 0$。在这种情况下 γ 是负的，交乘项系数小于零。这就是在实证检验中，如果想检验假设中提出的调节关系是弱化了正相关的主关系，则等价于要求 $\gamma < 0$。

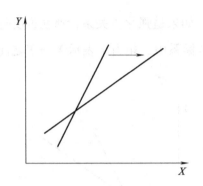

图 5-18 正相关关系被弱化

3. 主关系为负且调节效果强化了主关系

当主关系为负（$\beta < 0$），而调节效果强化了这一关系时，就意味着随着自变量 X 的增大，因变量 Y 是减小的；而考虑调节因素后，每单位 X 的变化引起 Y 的变化增大，即自变量每增加一个单位，因变量 Y 减小更多。那么在直角坐标系中，相当于表示 X 与 Y 之间的斜线顺时针旋转，如图 5-19 所示。

在这种情况下，斜线的斜率变得更小，那么就意味着 $\gamma M < 0$。可以继续设定调节变量取值为正（$M > 0$），那么在这种情况下 $\gamma < 0$。这说明，当实证上想要检验调节效果是负的主关系被加强，那么就等价于检验交乘项系数为负。

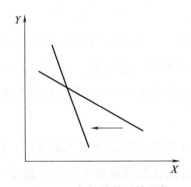

图 5-19 负相关关系被强化

4. 主关系为负且调节变量弱化了主关系

这就意味着每单位 X 的变化引起 Y 的变化减小。在直角坐标系中，表示 X 和 Y 之间关系的斜线发生逆时针旋转，使得斜线的斜率增大，如图 5-20 所示。那么在这种情况下，必然有 $\gamma > 0$。

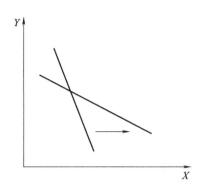

图 5-20 负相关关系被弱化

此处需要强调的是，尽管我们有时候在表述调节效应时会表述为调节效果是正向调节或负向调节，但是一定要明确调节效果指的是每单位自变量 X 的变化所引起的 Y 的变化是增加还是减少，而不是数量上的变化，强调的是 Δ 变化，反映的是 X 对 Y 影响的强弱。所以，在提出假设的时候需要明确这个关系是变强还是变弱；在假设检验时，则只需关注交乘项系数符号的正负即可。

思考与练习

1. 列出下列研究情景中的变量，将它们标记为自变量或因变量，并解释原因。

   （1）实践研究者希望提高银行员工的财务绩效。

   （2）一位市场经理想知道为什么最近的广告策略不奏效。

   （3）跨文化研究表明，管理价值观决定了上下级之间的权力距离。

   （4）分析师认为，在股票不稳定的金融环境中，在适当的时间买卖股票会获得很多好处。

2. 利用以下八个变量建立一个理论框架，将（4）作为调节变量，（5）作为中介变量，并提出四个假设。

   （1）了解学生需求（老师）。

   （2）制定合适的教学策略（由教师制定）。

   （3）课堂上的例子和练习。

   （4）学生入门技能。

   （5）学生理解力。

   （6）学生考试成绩。

   （7）考试难度。

   （8）压力。

第 6 章

理论构建与贡献

本章的目的在于结合一些经典文献和实践经验进一步阐述论文理论构建的过程和要领。主要内容包括理论视角的选择、情景因素的构建、中间机制的阐释以及管理研究常见理论模型的介绍。

6.1 假设构建与竞争性解释机制

在构建假设时，最核心的问题就是要能提出一套理论，而所谓理论本质上就是一套机制，这套机制用来说明概念之间相互影响的关系，也就是要说清楚 A 跟 B 之间是如何产生关系的，这个关系阐述清楚了，实际上也就构建了一套自己的理论。简言之，理论就是对因果关系的解释，而这种解释则表现为一套逻辑机制。

所以在做研究的过程中很重要的一点，就是当提出一个明确的研究问题，并从中提炼出 A 和 B 这两个概念以后，首先要思考的就是 A 对 B 会产生何种影响，以及 A 对 B 的影响是如何产生的；两者之间是正向还是负向，抑或是其他类型的关系。想明白这些问题，并能用符合逻辑的论述把这个关系阐明清楚，那就构建了自己的一套理论。

在理论构建的过程中要注意的是：第一，作为学术研究，在论述解释机制的时候不能凭空而论。影响机制中任何一个逻辑链条上的关系论述都需要有一些依据，需要相关文献的支撑（这也体现了我们的研究是建立在前人研究基础上的）。第二，当思考一个复杂关系的时候，可能会有很多可能的解释并且相互之间是竞争的关系（例如，从不同角度出发推导出概念之间的关系是不同的），从不同的理论视角去解释就会有不同的结果，这时就需要进一步去思考每种机制的潜在假设并结合实际（我们做研究不能脱离实际，在提出假设过程中也需要结合现实中的实例来佐证理论的合理性）思考哪种解释可能更为合理，从而成为我们提出的假设的理论支撑。

例如，想分析高管的政治关联对企业慈善捐款的影响（贾明和张喆，2010），这其实是一个比较复杂的关系。如果从代理成本的视角来看这个问题（Jensen 和 Meckling，1976），因为捐款可以提升 CEO 个人的政治形象，所以它们之间是一个正相关的关系。

如果从资源依赖的角度切入（Pfeffer 和 Salanick，1978），企业需要依赖外部环境和资源以维持发展。在这种情况下，企业往往都比较依赖于政府。那么，为了从政府那里获取一些稀缺资源，相对于有政治关联的企业而言，没有政治关联的企业更需要迎合政府而获得政府支持，则 CEO 的政治关联与企业慈善捐款之间的关系是负相关（Wang 和 Qian，2011；Li、Song 和 Wu，2015）。而从管家理论来看（Donaldson 和 Davis，1991），CEO 把公司当作自己的家，花公司的钱和花自己的钱是一样的，那么 CEO 是否还会为了个人利益去捐赠公司资产？如果捐款不一定能给公司带来收益，那么 CEO 这时可能会很珍惜公司的资源而放弃捐款。从管家理论视角出发，两者之间不一定存在关系。

所以从不同的理论视角去分析某一问题的时候，可能会得出不一样的答案。这也是管理研究一个很有意思的地方。同样两个概念之间的关系，当从不同视角来看的时候，就很可能得出不同的结论。

6.2　理论视角选择

在提出假设、构建解释机制的过程中，很重要的一点就是到底选择哪一理论视角去分析研究问题，也就是究竟应该选择何种已有的成熟理论作为构建解释机制的起点。

1. 理论视角的重要性

理论视角是什么？在分析一个问题的时候，虽然要构建自己的理论，但是也不能凭空乱想，必须得有一个视角。通常这个视角就是借鉴前人所构建起来的理论体系去分析这个问题。这样做的好处在于：

第一，这些理论是经过学术界广泛讨论而被认为是逻辑完备的解释体系，并能对现实世界进行很好的解释，将这些已有的完备的理论作为研究的参照，就可以节省很多精力，不需要再去解释已有理论所阐述过的关系，因此这些理论就构成了我们研究和认识新事物的起点。例如，当用代理成本理论解释政治关联和企业捐款之间关系的时候，就无须再去阐述为何公司中会有代理冲突问题：CEO 为何是代理人，代理人为何会侵占委托人的利益等。只需言明：从代理成本理论角度来看，CEO 会运用公司资源谋取私利……这样在解释因果关系逻辑链条上某个环节的时候，就会有一个普遍接受的论据（理论）作为支撑，从而可以将论述的重点放在弥补文献缺口上，来提高自己新构建的解释机制的解释力。

第二，用已有理论来开发自己对一个新问题的解释机制，能够更好地得到同行的认可，大家能够基于自己对同一个理论的认识和理解而吸收我们提出的新的逻辑关系，从而有一个学术交流的基础。例如，认可代理成本理论的学者就很容易接受具有政治关联的高管为了谋取私利而推动公司捐款，即公司捐款也是代理成本理论的一种观点。

2. 选择理论视角考虑的因素

到底选择哪个理论视角呢？这取决于研究问题的需要和我们自己对哪个理论更为熟悉。第一，管理学中的理论有上百个（见《管理与组织研究常用的 60 个理论》《管理与组织研究必读的 40 个理论》这两本书），分别用于解释企业、员工间各种行为、关系等。此外，我们还经常借用心理学、经济学等其他学科中的理论来解释管理问题。但每个研究问题都有所属的研究领域，而每个研究领域都有一些常用的理论，这是对应的关系。例如，研究战略问题常用的理论是制度理论、利益相关者管理等。因此，通常可供我们选择的理论视角范围其实有限。当然，如果做一些跨学科的研究，例如，从 CEO 个人特质层面去研究对公司战略的影响，也可以借用其他领域的理论，如心理学领域的相关理论。

第二，选择自己熟悉的理论。每位学者都不可能掌握所有的理论，因为对每个理论的内涵和外延、潜在假设和不足都很熟悉是极为困难的。实际上，学者们一般也只对三四个理论特别熟悉，并将其作为各自研究的主要理论参照。其实，学者们在选择研究问题的时候，也会考虑自己是否熟悉相关（可能）的理论。如果不熟悉相关理论，可能在选择问题、提炼问题的时候就不会考虑那些角度。所以，选择的问题和我们熟悉的理论两者也是匹配在一起的。已有的成熟理论会给我们提供一个很重要的角度去分析问题，这实际上是为了印证研究者所期望的因果关系（如政治关联与企业慈善捐款正相关）而选择一种可以自我肯定的解释（选择代理成本理论）。

第三，选择与自己有缘分的理论（借用夏军老师的观点）。一般而言，我们在思考用什么理论视角解释一个问题的时候，已经先入为主先想自己最熟悉的理论。如果这个理论视角解释不通，那就需要更换理论，这在管理研究中是司空见惯之事。

为了提高理论建构的能力，需要对管理学的一些常用理论有一些基本的了解。这也是管理学研究的特别之处，如经济学研究的理论很简单，最基本的一个理论就是供求关系，或效用最大化。由于经济学基本建构在数学基础上，所以其逻辑链条上没有那么多潜在假设。经济学从一个点出发，如从个体行为的完全理性角度出发就能推导出来很多关系。

与经济学不同的是，管理学的理论非常之多，常用的大概有 100 个，这么多的理论到底应该怎么选择呢？就个人经验而言，每个研究者都应该有两三个自己非常熟悉的理论，对于这两三个理论的来源、内涵、外延以及边界条件和其局限性均要做到十分清楚。这样在做任何研究时，都可以首先想一想自己所熟悉的那两三个理论能否解释这个现象？如果能够很好地解释该现象，则这个研究可能没有价值继续做下去，因为极有可能缺乏理论贡献。

所以应该关注的是那些无法用现有理论予以完美解释的现象，只有这样才能够将相关理论往前推进一点，做出自己的理论贡献。这也是想要将论文发表在 UTD24 期刊上的顶级学者们的思考模式。他们关注的就是已有理论里面存在的空缺，然后借用这个理论视角去开展一项研究，目的是弥补已有理论中的不足。

进一步地，应该如何判断自己喜欢哪些理论呢？此处很重要的一点就是"个人与理论之间的缘分"。如果自己看到某一个理论的时候特别有感觉，理论中讲的每句话都能理解是什么意思，也很容易理解作者所构建的概念内涵以及理论所揭示的逻辑，且有画面感，而且当自己阅读相关文献时很容易想象研究的问题在现实中的情景和文章的逻辑，那么就可视为与这个理论是有缘分的。

就笔者所在团队而言，发表论文中用得比较多的理论是代理成本理论、信号理论和社会交换理论。这是因为笔者个人是经济学背景，对经济学家所开发的代理成本理论和信号理论比较熟悉。至于笔者为何喜欢社会交换理论，那是因为其核心概念"互惠"也是经济学里面很重要的概念。我们也为通过运用这一理论解释企业的慈善行为，进而把社会交换理论往前推了一步做了一点贡献（Jia、Xiang和Zhang，2019）。

每个人在平时学习、积累的过程中，也要有意识地找与自己有"缘分"的，读起来有感觉的理论，这是未来学术人生的重要财富。

第四，如果某个问题有多个理论可以加以运用（如政治关联对企业慈善行为的影响），那么到底应该选择哪个理论呢？这时选择哪个理论视角无所谓好坏，更重要的是取决于我们的想象力，即希望研究往哪个方向发展。也就是我们在思考概念之间的关系、构思研究框架的时候，要"大胆假设"，要敢于挑战已有研究，提出与自己"感觉"一致的解释机制，然后再小心求证，即收集数据验证假设。所以，做管理学的实证研究都是先有假设再去实证的（至少我们在做数据分析的时候脑子里面是有理论框架指导的），而不是反过来埋头挖数据不去思考理论解释。

总之，首先需要了解一些理论视角以帮助自己思考问题。当掌握了这些理论视角后，在面对某个问题的时候，首先想的就是按自己熟悉的理论来解释它，看能否很好地予以解释，然后再考虑下一步。

6.3 引入情景因素的理论意义

情景因素（即调节变量）的选取绝对不是为了使研究框架里多几个假设，也不是为了在实证中引入几个交乘项而随意选择。现实中，很多初学者为了在研究中加入调节变量，就在回归模型中引入各种变量与自变量构建交乘项，看交乘项系数是否显著，当找到显著的调节变量后，再去想如何解释。这实际上就是典型的数据驱动（data driven），很难构建起一套统一的理论解释而做出明确的理论贡献。

情景因素的选择一定跟构建的理论有密切关系。这一点在前一章中已经反复强调过。因为任何一套解释机制（理论）都有其潜在假设。为了提高自己构建的理论的解释力，就需要考虑各种可能的情形去放松这些潜在假设，从而构建更为完备的理论和逻辑解释机制。

每一项研究，从 X 到 Y 的中间一定有几个中间环节起到传递 X 的作用效果而最终作用到 Y 身上，把这些影响机制串起来就形成一个逻辑链条（logic link）。这就是为什么我们假设一定要有逻辑，是一环一环推导而来的。但是要注意的一点是，提出假设时切忌把中间链条设置得过长。中间链条太长会让人如坠云里雾里，难以理解。更为关键的问题是中间逻辑链条越长，潜在假设就越多，就意味着这个解释机制越可能出问题（出现解释不了的情况而降低理论的解释力）。所以一般构建的理论机制都是经过一个中间概念进行传导（最多两个），如 X 影响 B，然后 B 影响 Y。

例如，公司给员工提供培训能够提高员工技能，这是大家普遍认可的一个观点。但是这里有一个潜在假设，就是员工成长的需求不同。对有高成长需求的员工而言，就更愿意接受公司的培训，更能从公司的培训中学到本领而提高能力。但是有的员工缺乏上进心，无进步的需求，那么在参与公司培训过程中也就不会太积极，最终可能也学不到什么。

所以，当我们解释 X 和 Y 之间因果关系的时候，即便是构建简单的只存在一个中间环节的传递机制，那么在逻辑链条上的两个逻辑关系也可能存在潜在假设，而影响到所构建理论的解释力。当然，如果能够直接验证解释机制中所构建的传递机制，那是最好的，也是对理论最直接的检验。但是，就二手数据实证研究而言，中间的解释机制往往都是涉及心理层面和公司内部决策层面的因素，很难直接观察到，受制于可行性，多数时候无法开展此类研究。

6.4 影响机制与中介变量

中介变量与影响机制密切相关。中介变量是指先有 X 发生，引起中间变量的产生，中间变量形成以后最终产生结果，存在这样一个时间上的先后传递过程。

1. 中介变量的理论意义

延续前面举的组织多元化能够提高组织效率的例子，其逻辑在于，组织多元化能够提供多元化的知识，从而提升组织创造性整合的能力，而组织创造性整合能力的提升最终能够提高组织效率（Sekaran 和 Bougie，2016：p75），如图 6-1 所示。

图 6-1　组织多元化影响组织效率的机制

在这个示例中，组织创造性整合的能力就是中介变量，其发挥着传递自变量对因变量影响的作用：首先组织形成多元化的结构，然后组织里面的这种多元化会产生一种整合效果，组织将组织成员的知识和技能整合在一起，最后表现为提升组织的效率。

但是这里还存在另外一个问题，就是从组织多元化到组织创造性整合能力这一个逻辑链条上，受到管理者能力的调节作用。也就是说，组织中高管自身的管理经验越丰富，其越能有效地整合团队中各种不同的知识和技能，进而产生创新性的聚合效应，如图 6-2 所示。

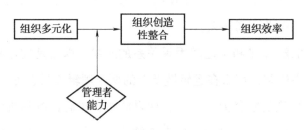

图 6-2　调节的中介关系示意图

本书之前所述的调节关系大抵是直接从自变量到因变量，然后假设调节变量直接影响这个主关系。但是，按照前文所述，调节作用实际上是放松逻辑链条上某一个环节的潜在假设。放在这个例子里，从逻辑链条上讲，这个调节变量是调节前半段逻辑链条上的关系（组织多元化→组织创造性整合）。调节的是自变量和中介变量之间的关系，只是很多二手数据实证研究没有办法直接验证中介关系，所以在提出假设的时候并不把中介变量提出来而是隐藏在逻辑论述中。

2. 中介 + 调节复合模型

同时在研究框架中考虑中介和调节变量，就可以得到一个较为完整的理论机制框架。延续前面的例子，图 6-2 概括了这一被调节的中介关系模型（moderated mediation effect）。如果调节效应发生在逻辑链条的后半段（如组织创造性整合→组织效率），则称之为被中介的调节关系（mediated moderating effect）。在此例中，逻辑链条的后半节上存在潜在假设吗？如组织的支持，如果没有组织支持，员工的想法就无法转化为组织的生产力。

但是做战略管理研究,研究框架一般不会像上面那样复杂,如果一定要研究这样的框架,一般把它分成两段来做,分段做两个回归(例如,一个调节模型+一个主关系模型)这样来验证,而不是把它作为一个完整的模型来检验(Vergne、Wernicke 和 Brenner,2018)。

有些学者也提出能不能把它作为一个完整的模型予以验证。这就需要用结构方程模型。Preacher 和 Hayes(2004)把调节、中介变量组合到一起构建了各种可能模型,并就每一种模型应该怎么样进行数据分析做了一个非常详细的操作手册,这对于组织行为方面的研究非常有益。

6.5 从文献中学习理论构建

1. 文献中的理论构建

前文已提到读文献的重点应该是学习作者对其假设的解释机制,这个解释机制是新知识。通过阅读这篇文献了解了概念之间为什么有这样的关系,这就表示学到了其创造和提供的新知识。

实际上,读任何一篇文献,把文献中引用别人的观点、论据全部删掉,留下作者自己的话,可能就只有三四行字。而这三四行字其实就是一篇文章的精华,是作者如何把已有文献中的论据串起来形成逻辑联系的关键部分。

例如,分析师颜值和绩效间的关系这篇文章(Cao 等,2019:p3),作者在解释这两个变量之间关系的时候有三段话是没有引用任何参考文献的。这三段话就说清楚了为什么这两个变量之间有关系,即阐明了变量间发生作用的潜在机制。

"总的来说,已有研究指出产生美貌效应的三个主要来源:有吸引力的人有更好的社交和沟通技能;人们认为漂亮的人拥有令人满意的品质,而实际上这些品质可能并不存在(如刻板印象);还有基于个人品位的歧视,指的是人们喜欢和有魅力的人在一起,从而享受愉悦。"

所以,读每一篇文献,特别是高水平期刊上发表的论文,都应该把其中的精华部分吸收到,为以后构建自己的理论积累、提供素材,去支撑自己想阐述的逻辑关系。但是要想构建自己的理论,完全依靠文献也难以创新。一定要大胆假设,发挥自己的想象力解释相关问题，然后再找文献来支持、构建起自己的理论，实现自圆其说。

2. 理论建构实践

这里跟大家分享一下笔者开发假设、构建理论的经验。当构建起一个理论框架后要去论述这些关系的时候，笔者一开始不会去看文献，而是先根据自己的理解想一下为什么这里存在因果关系，大致有哪几条理由支持这个关系，逻辑链条是怎样的。先把这个写下来，就构成了随后假设提出最核心的骨架（实际上，前面说过，一篇论文把引用的文献去掉后剩下的部分就是作者自己的思想）。接下来，再去找文献支撑这些理由，这样的话慢慢就可以把提出假设的逻辑推导环节丰富起来，从而建立起逻辑链条。关于理论构建，笔者有如下几点建议：

（1）理论框架要简单。在一开始做研究的时候，初学者老喜欢去画一个很复杂的框架，如A到B，B到C，C到D，老觉得研究框架越复杂，价值越大。其实，读文献多了，做研究多了以后就会讨厌复杂的东西，反而喜欢简单的框架。要把研究问题里面最核心的东西提炼出来，这是最关键的。所以一定要注意，就是当所分析的问题很复杂的时候，那么就要想一想最想讲的故事是什么，然后围绕这个问题来构建一个理论框架。

（2）一篇文章讲一个故事。一篇文章不要提供多于一个研究问题。必须记住管理研究绝对不是在一篇文章中研究问题越多越好。过多的研究问题会让研究的重点分散，让读者不知道该项研究到底要研究什么问题。所以一篇文章研究一个问题，且能做到用一句话把这项研究讲清楚（逻辑机制）、说明白，这一点在平时的科研训练中要尤为关注。

（3）论证充分、富有逻辑。在构建假设的时候，要深入思考和充分发挥自己的想象力以预测概念之间的相互影响和关系。构建假设、论述逻辑机制的工作不一定要在文献积累到一定程度之后再展开。

（4）多讨论、多交流，听取别人的意见和建议。当有个初步的框架和理论逻辑后，要听一下别人的评价。做研究最怕的是闭门造车、孤芳自赏。讨论、交流最有效的途径是参加高水平研讨会，听一些高水平的学者对论文的点评。同那些站在学术金字塔顶端的老师在一起聊天，才能发现自己与顶尖学者在思考问题深度方面的差异。顶尖的学者有个习惯——喜欢反着想。例如，假设提出 A → B 是正相关的,随着 A 的增大 B 增大了,那么顶尖学者会再问一个问题,随着 A 的减小 B 是不是一定减小?一旦反着想,就会发现很多逻辑说不通,此前构建的逻辑链条是有问题的。此外,同样一个研究问题跟不同的人聊,得到反馈的角度和深度是不一样的;发过 UTD24 顶级期刊论文的学者思考问题的深度跟只发表一般档次英文期刊论文的人就是不一样。

6.6 文献中的理论构建举例

1. 为什么好公司做坏事

Mishina 等(2010)研究的是为什么好公司做坏事,这篇论文是 AMJ 年度最佳论文。看到本文标题先想象一下为什么有这种关系,作者会如何解释。看到这篇文章的标题就想到身边的一个例子:如果某学生每次考试都考第一名,有一次考试发现有一道题不会做,而这道题做不出来,就可能失去第一名的位置,但是抽屉里面有这道题的答案,只需拿出答案看一下就可以继续稳得第一。此时该学生会如何选择?这篇论文实际上就是研究这个问题(通过生活化的例子来想象文章所研究的问题)。作者的观点是:平时考试越是稳居第一的人,这个时候越可能会作弊。怎么解释?可以想象一下,这是因为社会预期过高给自己造成压力导致的。公司为了保持业绩以满足社会的高预期,避免由于没有达到社会预期而可能带来的各种损失,从而选择做坏事。所以论文的主假设是:如果公司以前的业绩越好,那么就越可能做坏事。

随后作者提出用企业的知名度调节这个关系,如图 6-3 所示。因为知名度越高的企业,其承担的社会预期越高,且失败带来的损失也越大,那么企业也就越不能失败,所以越会采取无良行为。这实际上就是把逻辑链条上的第一个环节放松了。

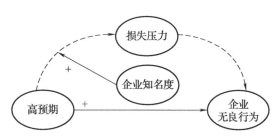

图 6-3 企业历史绩效与无良行为间的逻辑关系

沿着这个问题还可以接着把研究做下去，例如，可以在第二个逻辑链条上找一个调节因素，就是当公司越害怕因为业绩无法达到预期而遭受损失时，什么样的公司越会去做坏事。这里就跟公司做坏事被发现的可能性有关系。如果一个公司做坏事被曝光的概率越大，那么即便其感受到很大的损失压力，公司也越不敢做坏事，这就弱化了主关系。

另外，在第一个逻辑链条上，也可以考虑其他调节因素。例如，如果高管的持股比例越高，高管就会越有更大的压力去达到社会预期，否则自身会受到更大的损失。所以，这样去思考，就可以在这篇文章给出的逻辑框架上想到很多潜在假设并对应提出很多调节因素。

可以再看一下这篇文章研究不足部分的内容。第一，作者提到，文章所提出的传递机制是没有办法直接观察到的，很多二手数据实证研究都存在没有办法去直接验证中介关系的问题。作者在文章里也指出了这一研究不足。这一问题较难解决，即使通过问卷调研获得了一手数据，但是其数据的真实性与可靠性也存疑，因为公司高管是不会如实报告这些内心活动的。

第二，这篇文章也提出既然社会预期过高会导致公司做坏事，那么公司就可以采取一些措施来干预、影响外部预期的形成，也就是不让外部利益相关者因为公司既往过高的业绩而产生高的社会预期。这也是未来可以继续研究下去的问题。就这一问题的研究最近就发表在顶级期刊 *Journal of Accounting and Economics*（JAE）上。该文认为，业绩差的时候，公司倾向于用一些好的语言来描述业绩，而业绩好的时候则会考虑用一些平淡的语言来描述业绩（Asay、Libby 和 Rennekamp，2018）。

第三，作者提到还可以研究各种因素如何影响企业感受到的社会压力，也就是逻辑链条上的第一环节。最后，作者也提到公司的治理机制（如高管持股）如何影响企业行为。这与我们从假设链条入手考虑放松潜在假设来引入情景因素的思路是一致的。

2. 太少了还是太多了

按照本书介绍的假设提出的思路，每篇文章都是大同小异。以企业社会责任领域一篇经典的文献为例，"Too Little or Too Much? Untangling the Relationship between Corporate Philanthropy and Firm Financial Performance"（Wang、Choi 和

Li，2008）。这篇文献研究的是企业慈善捐赠跟企业财务绩效之间的关系，这是企业社会责任领域的经典问题。那么，看到标题就要先想象一下，作者提出了一个什么样的关系？为什么提出这样的关系？根据题目判断，作者应该提出的是 U 形关系。进一步从摘要来看，确实是倒 U 形关系，即随着企业慈善投入的增加，企业财务绩效先增加后减少，这是为什么？可以先想象一下，自己将会提出怎样的理由去论证这个倒 U 形关系。

理由可能是这样的：首先，捐款越多的话，越能提高企业声誉，获得利益相关者的支持，提高企业获取关键资源的能力，从而提高财务绩效。而慈善投入继续增加会产生冗余和资源浪费（本来捐款 100 万元，结果企业捐了 1 000 万元）。这就会给企业带来负担。此处实际上是从成本和收益的角度来看这个相互影响，如图 6-4 所示。

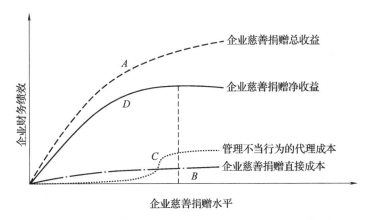

图 6-4　企业慈善捐赠水平与企业财务绩效关系示意图

资料来源：Wang、Choi 和 Li（2008）。

3. 公司慈善与财务绩效

2011 年发表在 AMJ 上的 "Corporate Philanthropy and Corporate Financial Performance：The Roles of Stakeholder Response and Political Access"（Wang 和 Qian，2011），讲的是企业慈善与财务绩效之间的关系。这篇文章认为它们之间是正相关关系。这篇文章也是这个领域的经典。

前文已提到过研究同一个关系的时候，取决于研究的视角，不同的研究视角得到的结论是不同的。在 "Too Little or Too Much" 的文章中用成本收益分析的视角。而这篇论文用的是合法性理论视角。从合法性理论视角来看，企业的慈善投入都是企业维护政府关系的投入，投入越多，积累的政治资源越多，更有利于企业获得政治合法性，从而得到政府认可和支持，进而提升企业绩效。进一步，本文提出的多个调节关系假设实际上也都是针对这一逻辑解释中存在的潜在假设而提出的。

4. 高管子女性别与 CSR

前面举的几个例子都是管理学领域的论文，此处再简单举几个会计领域的例子。"Shaped by Their Daughters: Executives, Female Socialization, and Corporate Social Responsibility"（Cronqvist 和 Yu，2017）讲的是高管子女的性别如何影响企业的社会责任。

想象一下，为什么一家公司的高管有了女儿以后，他所在公司的社会责任履行得更好。标题中提到"女性社会化"，那就猜一下作者是怎么解释的。如果 CEO 的孩子是女儿，那么高管就更可能被女性社会化，而更加具备女性气质。女性的特点就是相对于男性而言更喜欢履行社会责任，所以从这个逻辑推导，就得到作者提出的正相关关系。

5. 飞行员 CEO 与企业创新绩效

再举个例子，这篇文献"Pilot CEOs and Corporate Innovation"（Sunder J、Sunder S 和 Zhang，2017）研究的是飞行员 CEO 和企业创新绩效之间的关系。首先发挥自己的想象力，飞行员 CEO 如何影响企业创新绩效？这里的飞行员 CEO 指的是一位 CEO 有飞行员执照。那么这里的解释可能是：敢开飞机的人更敢于冒险，因此飞行员 CEO 都比较敢于冒风险，所以公司更敢创新。此处有一个核心的潜在假设就是飞行员都敢于冒险。围绕这一点，为了提高理论的可靠性，也可以考虑一些调节因素，如开飞机的时间、是否经历过事故、CEO 性别等。

6. 声音的力量

这篇文章"The Power of Voice: Managerial Affective States and Future Firm Performance"（Mayew 和 Venkatachalam，2012）研究的是高管在讲话时的情绪能否预测公司未来的业绩。在美国有电话会议制度，公司会定期召开电话会议与投资者就公司业绩和未来发展进行交流。在电话会议上，CEO 都会先讲一段话，来描述一下公司在过去一段时间的发展情况以及对未来的展望。这篇论文的作者就根据这个电话会议的录音去分析 CEO 讲这段话时的情绪是怎样的,然后看 CEO 此时的情绪能否预测公司未来的绩效。

实际上,这个关系非常简单,CEO 讲话的情绪越积极,公司未来绩效就会越好。这项研究就发现了管理者声音中提供的信号是关于公司财务绩效和基本价值的非常有用的信息。这个解释本身也是有潜在假设的,例如,公司未来业绩是明确的,CEO 不会掩饰情绪等。

这篇文章开拓了一个非常有价值的研究方向,就是有关软信息(soft information)的研究。这之后有很多文章在延续这个研究。比如,有人研究 CEO 有没有用稿子念(Lee,2015),讲话的语言是具体的(Pan、McNamara、Lee、Haleblian 和 Devers,2018)还是模糊性的(Guo、Yu 和 Gimeno、2017),还有人研究 CEO 在回答问题的时候有没有用到隐喻性的沟通方式(König、Mammen、Luger、Fehn 和 Enders,2018)等。

总之,假设提出部分是整个研究中最重要的理论构建环节。后续章节将陆续介绍研究的操作环节,即实证研究的具体实施。

▶ 思考与练习

1. 如何选择理论视角?
2. 理论构建过程中需要注意什么?
3. 调节变量和中介变量的区别是什么?
4. 如何选择情景因素?
5. 熟读第 6 章提到的文献,尝试梳理出理论解释中存在的潜在假设。

第 7 章

研究设计框架

本章的主要目的是介绍研究设计的内容和要点。主要内容包括阐明在研究过程中研究设计承上启下的重要作用、研究设计的七个主要内容、概念操作化的等价转化关系、抽样过程的等价转换关系以及不同数据收集方法的比较和选择。

7.1 研究设计的作用

研究设计（research design）是管理研究流程中的重要模块之一，是研究框架、研究假设初步形成后的实证执行、实施方案，这一步直接决定了一项研究能否从理论层面的分析转换成数据层面的分析，进而得到支撑理论框架（假设）的科学结果。

从研究假设到研究设计，包括多项内容，如图 7-1 所示，具体会在 7.2 节详细介绍。

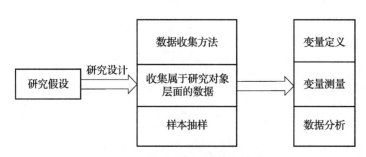

图 7-1　从研究假设到研究设计

例如，研究员工情绪对生产效率的影响，首先观察个人层面的情绪数据，结合概念的定义设计测量方法，可以通过观察个体表情、填写问卷，甚至佩戴可显示生理指标的测量仪器测量心跳、血压或者血液成分等办法收集情绪方面的数据，再按照给定的测量方法进行变量测量，最后进行数据分析。

在图 7-2 中，六边形部分表示的就是研究设计这一步。在该环节左边的部分实际上是之前章节的内容，也就是先观察现实发现一些有趣的现象，然后结合文献细化、提炼明确的研究问题，在研究问题的基础上构建理论框架，最后形成研究假设。

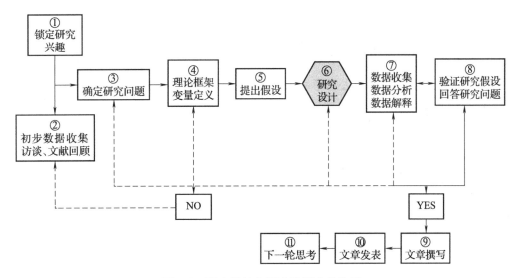

图 7-2　研究设计在研究流程中的作用

图 7-2 中研究设计的右边部分是研究的实际操作环节，涉及数据收集、分析和结果解释，验证结果是否支持了研究假设，再到最后一步写作。前文曾经提到，研究设计之前的研究工作主要依靠大脑思考来完成（by head），而在这之后的研究工作则主要依靠双手操作（by hand）。因此，研究设计环节是整个研究工作中非常重要的承上启下的环节，它是将大脑中思考的概念间的关系转化成实际可以检验的变量间关系的科学操作过程。所以在研究流程图中，这一步区别于其他步骤，用不同形状的边框来表示，就是要强调这一步的重要性以及差异性。

想要很好地完成这一步研究工作，既要动脑也要动手（head + hand）。理论层面的概念（concept）间的关系能否转化成可以实际验证的变量（variable）间的关系，很大程度上取决于概念的定义和变量的测量是否合理、有效，数据能否获得等。例如，想测量 A 这个概念并且赋予其一个定义（动脑），进而根据这个定义设计了一个测量方法，那么就得先判断一下这个测量方法是否可行（如动手尝试收集数据）。因此，做研究设计需要具备一个整体的观念，将动脑与动手相结合，互相补充印证并不断反馈、完善。

研究设计完成之后主要涉及具体数据收集层面的工作，包括运用实证、实验和问卷等途径来收集数据。这些在后续章节会予以介绍。最后一个环节就是论文写作。论文写作本身也有一个流程，包括很多细节，同样在后续章节为大家介绍。

总而言之，管理研究主要包括三个模块：思考、数据分析、写作。因而研究者需要同时具备三个方面的能力，即思考能力、数据分析能力和写作能力。实际上，本书最开始的时候就已强调：做一个好的学术研究，要具备三个方面的素质——文献积累、对现实的了解和数据分析的能力。写作能力也很重要。前面三个技能只能保证你科学地去思考和分析数据，把研究工作完成，而要清晰生动地呈现研究成果则需要具备很好的写作和讲故事的能力。

7.2 研究设计的主要内容

如图 7-3 所示，在做研究设计的时候，要明确研究目的、研究层面、研究类型、研究者对研究的干预程度、变量定义与测量，以及样本选择、时间维度、数据收集和分析等，从而形成一套完整的研究操作指南。

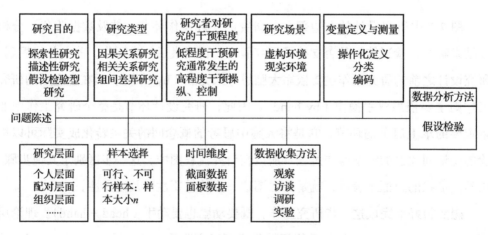

图 7-3　研究设计包含的内容

资料来源：Sekaran 和 Bougie（2016：p95）。

1. 研究目的

首先需要明晰研究目的，是属于探索性、描述性研究，还是假设检验型研究。探索性研究是指研究者本身并不知道问题产生的原因（或者没有预设、推断原因），只是想通过研究去探查可能的原因。描述性研究是指描述某些事物的特征以帮助研究者认识所面对的问题。例如，这个班上有多少男同学，男同学的比例是多少等。

假设检验型研究是我们重点关注的研究类型。所谓假设检验型研究，是指在理论分析、提出假设的基础上，运用科学的数据收集、分析方法进行假设的检验。

2. 研究类型

常见的研究类型包括因果关系研究、相关关系研究和组间差异研究。做因果关系的研究需要满足四个条件：

- 自变量和因变量必须相关。
- 自变量先于因变量发生。
- 有合乎逻辑的解释说明变量之间的关系。
- 不存在其他替代解释。

验证因果关系的研究，首先必须保证研究设计能够达到上述要求，否则不符合因果关系的验证要求。

在验证因果关系时要满足变量之间具有相关关系，变量相关是构成因果关系的必要但不充分条件。什么叫作相关关系？例如，随着变量 A 的增加，变量 B 也增加，这是一种相互存在关联的关系，但是并不强调哪一个变量的变化引起另外一个变量的变化。例如，身高与日均饭量之间存在相关关系，但是很难验证它们之间的因果关系是什么。饭量大的学生一定较高吗？或者，较高的学生饭量一定较大吗？从哪个角度看都似乎是有道理的。所以研究相关关系较容易，仅通过两个变量之间的相关系数大小就可以判断出相关关系大小，而研究因果关系比较难，因为需要同时满足四个条件。

研究组间差异，例如，想研究男生组和女生组的身高差异，这样的研究一般都需要做方差分析，来分析不同样本之间的均值是否存在差异。本书这里介绍的是假设检验，故而属于验证它的因果关系。

3. 研究者对研究的干预程度

研究者对研究的干预程度，即在研究的过程中，研究者干预数据产生过程的程度。实际上，做研究设计很重要的一个环节是设计收集数据的方案，而这与研究者在这个过程中发挥的作用（是否干预数据收集过程）有密切的关系。

例如，想研究消费者对摆在货架高处和低处商品的购买意愿是否一致，如果研究者仅旁侧观察，这时不存在干预消费者行为。又或者思考这样一个问题：商品的包装颜色是否影响消费者的购买意愿？这时研究者会人为地在货架上分别放置红色包装、黑色包装和蓝色包装的同一种商品来观察消费者的购买行为。在这个研究中，研究者就通过干预来改变商品包装的颜色，但是并不影响随后消费者如何挑选商品。在这种情况下，研究者对研究数据的生成就有一定程度的干扰。

那么最高程度的干预是什么情况呢？例如，研究员工的计件工资高低如何影响工作效率。在研究过程中，首先随机选择一部分学生扮演工厂里面的员工，然后再随机把这些学生分为两组。其中，第一组完成一项任务发放薪酬一元，第二组完成一项任务发放薪酬十元，然后比较哪一组的工作效率高。在这个实验情形中，激励政策、选择学生扮演员工等都是在研究者干预下完成的，故而这一研究中研究者的干预程度就更高一些。

结合这一角度，在问卷调研和二手数据实证研究过程中，研究者基本上没有干预，或者干预程度很低。在开展这两项研究的过程中，研究者发挥的作用只是观察、提取数据而不影响数据的生成过程。但是在实验研究中，例如，在实验室里面做实验或者做现场实验（field experiment），研究者对数据生成过程的干预程度就很高了，这也是不同数据收集方法之间的差别。研究者可以根据这种差别去选取适当的研究方法分析问题，因为有的研究问题本身就需要有人为干预才能实现（例如，公司捐赠如何影响员工工作效率）。

4. 研究场景

确定研究场景，即数据产生的环境是属于虚构环境还是现实生活中的真实环境。一般而言，问卷调研和二手数据实证研究中的研究场景都是在现实环境中完成的；而实验室研究一般都是构建一个虚构环境来收集实验被试产生的数据。当然，现场实验是在现实环境中开展的实验（例如，2019年诺贝尔经济学奖获得者所开展的有关扶贫研究的现场实验）。管理学中最经典的现场实验是霍桑实验。霍桑实验改变了真实厂房中的灯光照明条件，以此来观察灯光照明对员工生产效率的影响。在这项研究中，数据生成的环境是真实的工厂环境，而不是虚构的。

5. 变量定义与测量

变量表示有数值变化的概念，将每个概念赋予变化的数值就转化为一个变量。研究中一般把变量分成四种类型，分别是：

- 分类变量，如性别。
- 定序变量，如年级。
- 定距变量，如温度。
- 定比变量，如收入。

选择何种变量与所采用的数据分析方法有密切的关系。

一般而言，首先需要明确概念操作化的定义，然后才能根据定义确定变量的含义和测量的方法（如分类与编码），从而知道应该选择何种恰当的方法去收集数据，实现对变量的测量。例如，要研究CEO的薪酬与公司绩效之间的关系，把"CEO薪酬"定义为"CEO在公司所获取的现金报酬"。那么根据这个定义，可以考虑采用二手数据实证研究方法，直接在上市公司数据库里下载相关数据，就可以很方便地完成对CEO薪酬变量的测量。当然，也可以使用问卷调研的方法去收集这些数据。同样，还可以在实验室里通过虚构公司环境、设置不同的CEO薪酬来观察CEO的经营行为，这样也能完成对CEO薪酬的测量。那么到底选取哪种方法来测量变量，这就需要研究者根据研究问题的需要来决定。

6. 研究层面与样本选择

当明确研究假设后，实际开始数据收集、分析工作之前，还要明白该项研究到底聚焦在哪个层面？到底是研究员工个人层面，还是研究员工-领导交互影响，抑或研究组织层面的问题等。只有确定了研究层面，才能明确研究需要的数据到底由谁来生成。例如，要分析CEO薪酬如何影响企业绩效，一般认为这项研究是在企业层面，因为涉及企业绩效和CEO薪酬的衡量。如果想分析员工工资对生产效率的影响，这项研究就聚焦在员工个人层面。显然，这个时候要采集员工数据，那么可以收集二三十家企业里面代表性员工的薪酬和生产效率数据。在这个环节，还需要知道如何抽样。当然，如果研究对象本身即研究总体，就不存在抽样问题。

但是大多数情况下，总体数据难以获得，因此需要抽样，并且基于抽样样本特征推断总体特征。该推断成立的前提是保证样本具有代表性。

7. 时间维度

研究者是一次性还是重复观察研究对象也是研究设计需要考虑的问题。一次性收集数据，即在一个时点观察、收集数据而获得截面数据。例如，收集 4～6 月股票的交易数据，以及股票分析师在 4～6 月这段时间里对股票市场的一些看法，那么这个时候收集的就是不同的股票分析师在一个时点上的判断，称为时点数据，它是指不同的人或不同的公司在一个时点上的数据。

连续观察则是通过考虑时间维度的变化来构建面板数据。例如，观察 100 个人或 100 家企业并观察多次，这样收集到的数据称为面板数据。这样开展的研究就是跨期的，而非在某一时点上的研究。

可以简单判定：多个时点收集的数据量更大，因此也更具科学性。实际上，如果只是用截面数据做实证研究，想发表论文是很难的，因为很难满足验证因果关系的基本条件（自变量比因变量先发生；不存在替代解释）。而面板数据最大的好处是可以通过固定效应（fixed-effect）模型或差分的方法剔除不随时间变化的因素的影响，最大限度减少其他因素的干扰，并且还能更为有效地通过自变量的变化来观察因变量的变化，从而提高因果关系验证的有效性。

这里就涉及一个技术问题，即能不能剔除替代解释。如果在一个时点上收集数据，很难剔除其他替代解释，但是如果在多个时点上观察，用后一年的数据（Y_{t_1}）减去前一年的数据（Y_{t_0}）做一个差分，差分完以后，可以把那些不随时间变化的因素都剔除，这样就可以把所有不随时间变化的因素排除掉，如式（7-1）所示：

$$\Delta Y = Y_{t_1} - Y_{t_0} \tag{7-1}$$

式中，Y 为被解释变量，ΔY 为差分后的被解释变量的值，此值剔除了不随时间变化的因素的影响。所以利用跨期的数据验证因果关系会比单次观察更有效。例如，不随时间变化的因素包括个人工作习惯、个人态度、出生环境、性别、学历等。

有些因素在时间上保持不变，但是有些变量在时间上是变化的，这时差分就可以看到有些变量是发生变化的，然后就可以观察这些变量的变化引起的因变量的变化，这是最有效的因果关系验证方式，它本质上还是要让自变量发生变化，以此来观察因变量的变化。总的来说，做研究如果能收集跨期的数据，就不要只收集一个时点的数据。

剩下的工作还包括数据收集和分析。通常采用观察、访谈、调研和实验等方式来获取研究数据，随后运用恰当的数据分析方法分析数据，验证数据结果是否与假设一致等。

7.3　概念操作化要点

提假设时是基于概念间的逻辑关系，构建解释机制来提出假设。为了保证理论研究的普适性（generalizability），我们在提假设时不考虑概念操作化，也就是测量的问题，同一概念的不同测量不影响一般化的假设关系。

例如，假设高管薪酬与企业绩效正相关。假设中的高管薪酬是一个概念，用来描述某一类客观事物的共同特征，当这个概念通过操作化转化成可以测量的变量时，如用高管从公司领取的现金报酬来衡量高管薪酬，这时实际上把高管薪酬这个概念转换成了一个特定的变量（基于给定的测量方法）。

又如，假设高管年龄与工作经验正相关。而在操作年龄这个概念的时候，可以将年龄这个变量表示为出生年份与当前年份之间的间隔，当然还可以用皮肤老化程度等生理指标来测量年龄。总之，对于某一概念，根据不同的操作化方法会有很多不同的测量方法。

在实际的研究过程中，我们并没有办法直接去检验概念层面的关系，因此需要对概念进行操作化处理，将概念转换成可以测量的变量。这样我们想检验假设，即检验概念（concept）层面 concept A → concept B 的关系，实际上就转化为检验变量（variable）层面 variable A → variable B 的关系，即想用数据检验这两个变量间的关系来推断所提的假设关系是否成立。而在操作化的工作中，特别重要的一点是：必须保证概念的含义与对概念操作化后定义变量的含义等价。

例如，我们提出假设：高管年龄与工作经验正相关。而对高管年龄这一概念操作化后定义为：高管入学的年份，理由是我们一般都是 7 岁入学，从哪一年入学基本上可以断定其年龄。但是这个概念操作化方法并不准确，因为每个人的入学年龄并不都是 7 岁，故而这种操作化处理得到的变量并不能与年龄这个概念的含义等价，基于这个方法测量得到的年龄、进行的数据分析、所得到的变量间关系并不能可靠地用于检验概念之间的关系。

如图 7-4 所示，基于概念层面提出一个假设，认为工作满意度与工作绩效之间正相关（$r > 0$）。在研究设计中对概念操作化，用利克特量表测量工作满意度，然后工作绩效用月度销售额测量。在做数据分析时，分析的是利克特量表里测得的工作满意度这个变量与月度销售额之间的关系。假设检验的过程实际上就想用图 7-4 下半部分的变量之间的相关关系或者因果关系去推断说明该图上半部分两个概念之间也存在相关关系。因此要想让推断成立，就必须保证箭头指向下半部分的时候一定要等价，否则无法倒推。

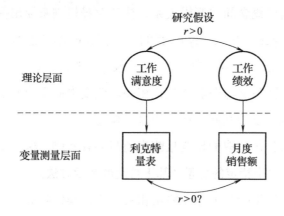

注：r 为相关系数。

图 7-4　假设检验与变量间关系的等价转换

7.4　实证研究设计要点

在图 7-4 中，实际还存在一个问题，我们是基于一个样本（sample）得出的工作满意度和工作绩效之间的关系。其实假设检验就是要先从样本层面的关系推回总体的关系，然后从总体的关系再推回概念层面的关系，此外还要保证抽取的样本具有代表性，否则不能保证总体中也存在和样本中一样的关系，这就更倒推不回去，也不能说明假设的概念间的关系是否成立。

这里要特别强调一点：用抽样方法提取数据、分析数据，进而检验假设，逻辑上有两步等价的关系，即概念操作化后得到的变量能够代表概念本身，且抽样样本的特征能够代表样本总体的特征（如均值）。

在文献中很少明确地将这两个等价关系表述出来，一般默认其成立。而只有保证样本有代表性，才能用样本的特征推断总体的特征。样本如果不具有代表性，就不能用样本的变量关系推断总体的变量关系，就不可能据此去检验假设。我们把概念进行操作化而等价转换成变量，进一步就把概念之间的关系转化成变量之间的关系。此时是基于一个总体（研究对象）去设定变量之间的关系。比如，概念层面假设：高管年龄与工作经验之间正相关，意味着对所有的高管（注意是所有高管构成的总体，这就包括不同国籍、不同地区、不同性别的高管组成的一个高管总体）来说这一关系都成立。但是在实际做研究的时候，一般不可能在总体（population）层面上研究（可能由于获得总体数据的成本太大、时间太长等），而都是通过抽样的方法选取样本进行统计推断。实际上，我们做的很多实证研究都基于抽样样本进行数据分析而得到变量间的关系，据此反推认为总体存在这一关系，然后再基于总体上的关系去检验概念层面所假设的关系。这一步骤如图 7-5 所示。

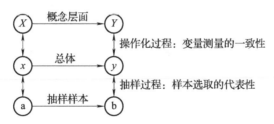

图 7-5　实证研究的两层等价转换

7.5　数据收集方法的比较和选择

做一项研究，有很多种数据收集方法可以选择（如采取不同的研究者干预程度去影响数据的生成过程）。例如，想研究高管薪酬如何影响企业绩效，可以选择最低的干预程度，即在一个现实的环境中去做二手数据实证研究，选取的样本是上市公司，就可以直接从数据库里下载上市公司数据。也可以选择中等程度的干预，如现场实验，即寻找 20 家或 30 家公司作为实验对象，分别调整这些公司的高管薪酬合同，如随机挑选一些公司涨薪，而另外一些公司降薪，再观察一年以后的企业绩效变动情况。

此时作为研究者，要清楚选择哪种方法比较好（对研究这个问题而言，需要考虑获取数据的成本最低且数据能够有效用于检验假设等）。常见的数据收集方法有两大类：第一类是实证研究方法，包括两种类型，一手数据（first-hand）实证研究方法，即问卷、访谈法；二手数据（second-hand）实证研究方法，即从数据库下载数据。在这两种情况下，研究者主要扮演的是观测者的角色，而对于数据的生成没有干预，数据来源于真实的环境。第二类是实验方法。在这种情况下，研究者会干预数据的生成过程，数据产生的场景可能是虚构的，即实验室实验（laboratory experiment），也可能是真实的，即现场实验。前文提到过，很多很好的研究问题因为很难从现实环境中获取数据而导致研究无法开展。而当引入实验方法后，就可以通过类似自然科学里面做实验的方式生成、获取数据，从而解决研究没有数据这一问题（特别是想得到个体行为、心理变化等层面的数据）。

从数据收集方法（环境）是否受到研究者干预这个维度入手，可以把这些数据收集方法做一个比较，一个极端为最高程度地人为干预，另外一个极端则不存在人为干预（如图 7-6 所示）。而我们实际所选择的数据收集方法就居于这条线上的某个位置，它取决于研究者到底想在研究数据的生成、收集过程中发挥怎样的作用。在这条线上，如果越往左边移动，就越近于现实环境，主要依靠观察去收集数据、检验假设；如果往右边移动则主要依靠人为操纵实验室环境去收集数据、检验假设。

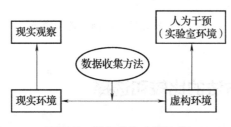

图 7-6　数据收集方法比较

1. 数据收集方法的内部有效性和外部有效性比较

选择何种数据收集方法取决于研究的需要，即在成本和收益之间进行权衡。做任何研究都是有成本的。显然，如果我们不用抽样的方法而是基于总体开展研究，所得结论自然更为可靠。但是这样做的成本是非常高的。如果我们基于抽样样本所得的结果能够满足推断总体特征的要求，这种数据收集方法的收益就更高。如果现实中很难通过观察得到数据，那么为了研究的开展，退而求其次，实验研究方法就成为最好的数据收集手段。

当研究某个问题有多种数据收集方法可以选择的时候,研究者就面临一个非常重要的比较和取舍问题:到底是用问卷调研法收集数据,还是用二手数据实证研究法,抑或是做实验来收集数据。如果做实验,是做现场实验还是实验室实验?

在评价何种数据收集方法更为合适的时候,关注两个维度:内部有效性和外部有效性。所谓内部有效性,是基于所获得的数据开展的分析能够满足验证因果关系的条件(自变量和变量必须相关,自变量先于因变量发生,有合乎逻辑的解释说明变量之间的关系,不存在其他替代解释);而外部有效性,是指基于这一情景所得到的数据结果能够推广到其他情景中。显然,一项好的研究需要兼顾内部有效性和外部有效性。但是不同的数据收集方法有其本身的特点,导致这两者难以兼顾,如图 7-7 所示。

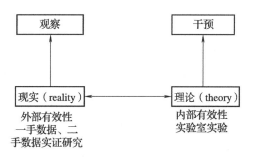

图 7-7 不同收集方法及其有效性

(1)实验室实验。人为操作自变量 A 的数值变化,观察由此引发的因变量 B 的数值是否有变化。例如,想研究员工工资如何影响员工生产效率,就可以在实验室环境中人为调整员工的工资,进而观察生产效率有没有变化。在实验室中,研究者可以对很多因素进行控制,例如,研究情景和研究对象均是虚构的。在这个情景中,如果自变量 A 的变化引起了因变量 B 的变化,那么就有理由相信 A 与 B 之间是因果关系。这是实验室研究最大的优势——能够保证最高的内部有效性。

为什么如此肯定?因为实验室研究满足验证因果关系所需的四个条件:

- 自变量和因变量必须相关。变量 A 和变量 B 都发生变化,故二者之间存在相关关系。
- 自变量先于因变量发生。在实验室环境下,研究者是先操作变量 A 而使得变量 A 的数值发生变化,进而观察到变量 B 的变化,这样就能够保证变量 A 和变量 B 数值发生变化有时间上的先后顺序。

- 有合乎逻辑的解释说明变量之间的关系。在构建假设部分就已经完成了这项工作。
- 不存在其他替代解释。这是实验室研究的一大优势，即在实验室环境下，不同组的实验对象所面对的决策环境中，除了变量 A 的数值不同外，其余所有的因素都是一样的（被控制住，如不同组实验对象具有相近的成长经历、年龄、性别构成等）。在这种情况下，如果发现变量 B 发生了变化，那就可以确定不是其他被控制的因素所引起的变化，而不存在其他可能的替代解释。

因此，实验室实验环境下收集得到的数据能够最有效地验证因果关系，即实验室环境下开展的研究的内部有效性最高。但是，也正因为实验室环境是在很强的人为干扰下构造出的研究环境，这就导致实验室环境与现实环境差异非常大。例如，在实验室环境下，高管可能是学生扮演的，决策可能是虚拟的等，这就导致在更换研究环境后（如在现实环境中或放松所有的控制因素），所得的结论很可能不成立，从而产生实验室实验的一个弊端——外部有效性最低。

（2）收集客观数据。大量的管理实证研究都是基于上市公司的数据开展的，即通过从数据库中下载上市公司的一系列数据来分析问题。例如，想研究高管薪酬是否影响公司绩效，就可以从数据库中先下载得到相关数据，然后用计量软件进行数据分析。当回归分析结果表明，高管薪酬高的公司绩效更好时，研究者就可以有把握地说在这些上市公司中存在这一关系。这一点不可否认，因为数据从现实中得来，所以这时有很好的外部有效性，能够很好地反映现实，并把现实规律总结出来。因此，基于收集客观数据所开展的实证研究往往具有很好的外部有效性，即能把现实规律总结出来，从而很好地反映现实。

但是，这一研究并不保证能够验证因果关系，也就是并不能很有把握地说，薪酬高的高管所在的公司绩效一定好。对此，我们对照一下检验因果关系的四个条件，两个条件都可以满足（变量相关和逻辑解释），而其余两个条件，例如，时间上发生的先后顺序和不存在其他替代解释则很难实现。现实中企业经营过于复杂，不同的公司有不同的经营环境、社会关系，所以无法控制所有的因素（特别是那些观测不到的因素），从而很难保证不存在替代解释。此外，在现实生活中，企业的生产经营活动是持续进行的，高管的薪酬可以影响企业绩效；反过来，企业绩效也可以影响高管薪酬。两者之间发生的时间先后是很难明确划定的。虽然我们可以在数据收集时对自变量数据收集的时间做滞后，但这只是一种人为设定时间先后的方式，并不能从理论上保证自变量一定先于因变量发生。

与实验室实验方法正好相反，通过收集客观数据开展的实证研究（问卷调研或者二手数据实证研究），虽然外部有效性最高，但是内部有效性最低。

2. 最佳的数据收集方法

作为研究者，肯定希望研究所得到的结论既具有内部有效性，又有外部有效性，就是既能证明 A 和 B 之间存在因果关系，同时这一结论又具有普适性，能够推广。所以最好的数据收集方法就是能让二者完美地结合，即研究本身有很好的外部有效性，又有很好的内部有效性（如图 7-8 所示）。

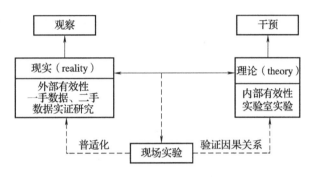

图 7-8　最佳数据收集方法

（1）现场实验。现场实验可以兼顾内部有效性和外部有效性，平衡两种有效性，是一种最佳的数据收集方法。

现场实验具有实验室实验的可控性优点，同时也具备在现实环境中开展的实证研究优点，因而成为一种完美的数据收集方法，这也是学术界现在特别提倡做现场实验的原因。但是为什么现在做现场实验的研究这么少？关键在于做现场实验的成本特别高，而且很多时候学者缺少这样的资源去改变现实环境中公司的经营方式。

此处介绍一个做现场实验的例子，2014 年发表在《经济学季刊》上的一篇论文（Bloom、Liang、Roberts 和 Ying，2014）的其中一位作者（梁建章）是携程的高管，他们研究的问题是：与在公司里工作相比，在家里工作的工作效率是不是更高？这是个很有争论的问题。携程的工作性质是允许在家里办公的，因为公司的工作主要是基于网络完成的。梁建章作为携程公司的高管进行了一项改革（实验），即随机挑选公司的一部分员工在家办公，然后比较在家工作和在办公室工作的效率差别。这项改革（实验）历时 9 个月。研究结果显示，在家办公的员工业绩在9个月里有了显著的上升，增加了12%，其中8.5%源于更少地请病假和事假而使工作时间增加，3.5%来自安静的工作环境使工作效率提高。就这个现场实验而言，其与公司的改革契合，一举两得。这样得到的数据是非常宝贵的，从而很容易获得有价值的研究结论（兼顾内部有效性和外部有效性），得到学术界的认可并发表在顶级期刊上。

（2）收集客观数据+实验室实验的方法。既然开展现场实验的难度很大，我们可以考虑采用实证+实验的研究方式，这样也能实现内部有效性和外部有效性的完美结合，这是当下主流的研究方法。例如，一些发表在顶级期刊上的论文就是据此做的研究（Marr和Thau，2014；Flammer和Kacperczyk，2016）。

这里需要注意的是，如果说做出高水平研究成果、发表在顶级期刊上有什么捷径的话，大家比拼的都是想法和对文献的理解等，这方面需要经验的积累和大量的思考，所以没有什么捷径可循。但是在研究设计环节，例如，数据收集方法的选择上，为了保证研究结论兼顾外部有效性和内部有效性，我们就可以采取实证+实验的方式，这是比单纯使用实证或实验手段都要好的数据收集途径。

但是这样做同样需要注意一个问题：有时审稿人在评审这样的研究设计时会质疑这样研究的必要性（是不是浪费版面）。所以，在同时用实证和实验数据收集方法开展研究的时候，绝不能简单地重复验证某一个关系，而要起到相互补充、相互印证的作用。例如，在假设提出部分，我们在论述 A→B 之间关系的时候提出 A→M→C 这样的逻辑链条，而构成潜在影响机制。首先，我们通过收集二手数据做实证分析检验了 A 与 C 之间的关系（当然还可以纳入调节变量间接验证我们所提出的解释机制），但是这些都无法直接检验假设中所提出的内在机制。因此，引入实验方法收集数据，不仅可以重复实证研究中得到的 A→C 的关系，而且关键在于能够直接检验潜在机制是否成立，从而更大限度地提高理论的可靠性。例如，上面提到的 Marr 和 Thau（2014）以及 Flammer 和 Kacperczyk（2016）等人的研究就是如此。

很多初学者在刚开始做研究的时候，有一个思维惯性就是哪种方法能最快地找到数据就用哪种方法，从而短平快地完成一项研究。但是这也存在局限性。如果一项研究所需要的数据数据库里都有，那么就很少有人还会去做实验（实验研究有一整套规范需要遵守）。所以，我们现在看到，大量的研究还都是做二手数据的分析。

▶ 思考与练习

1. 研究设计在整个研究流程中起什么作用？它占据着什么地位？
2. 研究设计的内容主要包括哪些？我们应如何考量研究设计中时间维度的影响？
3. 研究设计过程中的两层等价关系是什么？如何理解其重要性？
4. 数据收集方法并不单一，那么我们应如何确定适合的方法？
5. 当下最主流的研究方法是什么？应如何避免他人对研究方法的质疑？

第 8 章

操控研究设计

本章的主要目的是讲述如何进行研究设计。主要内容包括阐明验证一个因果关系的关键之处，之后将通过一些具体案例来介绍如何排除替代解释的干扰，以及如何保证研究内部有效性和外部有效性的平衡，本章的最后还将介绍概念操作化及变量测量的方法。

第 7 章已对研究设计部分涉及的内容做了概括，本章将结合一些实例进一步说明。

8.1 验证因果关系的关键

研究者在做研究的过程中多大程度上去影响、干预数据的收集过程是一个很重要的维度。如果只是研究一个相关关系，即只是想证明两个变量之间有无关系，此时就无须进行干预，依靠观察便已足够。而在因果关系的研究中，干预就成为必要手段，因为验证因果关系要满足四个条件，这时就需要做一些干预，一般通过操纵自变量的数值，然后观察这种操作会对因变量产生什么样的影响，这也是做研究设计的时候（特别是验证一个因果关系的时候）一个非常重要的（实验）思想，也就是让自变量发生变化，并据此来观察所产生的效果。在任何一种数据收集方法下面开展研究，如果要验证因果关系，其本质都是一样的，就是操纵自变量 A 的数值来观察对因变量 B 产生的影响。

在收集客观数据，做二手数据研究时，研究者似乎没有对自变量的数值进行干预。虽然在收集到的样本中，研究者没去操作自变量的变化，但是自变量的数值在这个情景下是存在变化的（有方差）。例如，研究高管薪酬与公司绩效之间的关系，虽然研究者没有操纵每家公司高管的薪酬，但是可以想象成有一只"看不见的手"会让不同公司的高管薪酬不一样，从而实现对自变量数值的操纵。正是自变量数值的不同，最后导致公司的绩效产生差异。例如，1 000家公司有1 000个高管薪酬数据，那么1 000个高管薪酬数据是怎么产生的呢？那就是有一只"看不见的手"操纵产生的（自变量的数值是外生的）。因此，一般而言，如果想验证因果关系，思路都是一样的，就是要让自变量数值发生变化，并观察变化所引起的因变量的变化。这是进行研究设计的核心思想。

在用客观数据开展实证研究的过程中，要保证两点：

- 自变量要有数值变化（有方差且方差要大而不能太小）。
- 自变量是外生决定的，不会受到因变量的影响。

这是实证研究需要满足的两个前提条件。前者比较容易满足，而后者是实证研究最为关注的问题，即内生性问题，自变量的变化不是外生决定的（不是受"看不见的手"控制的），而是受因变量的影响而产生的。这一问题要引起高度重视。

8.2 替代解释的干扰

想象一下，有位医院的主管想研究护士在医院工作过程中所得到的情感支持与其感受到的工作压力之间的关系（情感支持→工作压力）。护士在医院里工作一般是高强度的，医院也会给这些护士提供一些情感支持，如心理辅导。而这样做能否缓解护士所感受到的工作压力呢？如果只是关注它们之间的相关关系，那么研究者（医院主管）只需要观察护士的表现就可以了，通过发放一些问卷，调查一下护士所得到的情感支持水平和感受到的工作压力水平，基于这些数据就可以分析它们之间的相关关系。

然而，如果想验证医院给予护士的情感支持越高，护士感受到的工作压力就越小（即研究因果关系），那么就应该让护士在相同的条件下感知到不同的情感支持（自变量）水平，之后再观察这些护士在工作中所感受到的工作压力（因变量）水平。

一个最简单的数据生成方法就是采取现场实验的方式把医院的护士分成两组，

并操纵每组所感知到的情感支持水平。例如，一组护士没有得到情感支持，另一组护士得到了医院的情感支持，每天下班后，医院会组织专家跟护士聊天，听他们反映工作中出现的心理问题，然后进行心理辅导。

这样过了一个月，医院主管再发放问卷去调查这两组护士在过去一个月里感受到的工作压力大小，通过这种实验操控就得到了自变量和因变量的数据。研究者希望看到的结果是，得到情感支持组的护士反映出的工作压力水平应该要比没有得到情感支持组的护士所反映的工作压力水平更低一些。

就以上基于现场实验的数据收集思路，要评价这个研究设计有没有问题，就看是否满足验证因果关系的四个条件：第一，变量之间要相关，研究设计可以满足相关性要求；第二，时间先后，这里是先操纵自变量数值（每组护士得到的情感支持水平），然后观察因变量的变化（护士感受到的工作压力水平），从而也能满足这一条；第三，理论支撑，此处默认满足；第四，替代解释，以上研究思路不一定能满足这一条，而这也是验证因果关系时最容易出问题的地方。

这里就存在一些替代解释。例如，把护士分成两组，有可能一组里面全是年龄大的护士，而另外一组里面全是年轻的护士。最后也凑巧给予年龄大的那组护士提供了高水平的情感支持。这样最后观察到的结果就是这一组感受到的工作压力比较小，而年轻的那一组护士没有得到情感支持，最后反映出来的工作压力比较大。从数据来看，和我们的预期是一致的。但是这时就存在一个问题，即每组护士所反映出来的感受到的工作压力的大小可能跟年龄有关，年龄大的护士本身承受压力的能力就强，而年轻的护士承受压力的能力就较弱。因此，观察到的年轻的那一组护士反映出来的工作压力水平更高可能并不是因为没有得到情感支持，而可能是因为工作经验少导致的，这就是一个替代解释。所以，为了避免由于年龄因素可能带来的替代解释，在护士分组的时候就应该保证将护士按照年龄随机分组，也就是说，每组护士里面有年龄大的也有年轻的，从而在两个组之间年龄变量不存在显著差异（无差异变量，如均值相等）。

除此以外，还可能有一个替代解释，例如，这两组护士本身就在不同的科室工作，做的护理工作不一样，这也会影响工作压力。有的科室本身护理强度就不大，工作压力也不大，而有些科室工作强度和压力就大得多（如急诊科）。所以，在安排两组护士工作的时候就应该让这些护士承担相同任务或者工作强度相当。

另外还有一个主观上的因素，就是护士对所提供情感支持的接受程度也会存在差异。对有的护士而言，即使医院提供情感支持，但其可能拒绝接受（不往心里去），或者不愿意表达自己真实感受到的工作压力水平，这些问题都会导致基于这一数据收集方法所得到的结果不可靠。

因此，为了减少替代解释的干扰，应该尽力去控制各种可能影响护士感受工作压力大小的因素，包括护士的工作经历、工作性质等，使得这些因素在不同组的护士之间不存在显著差异（变量数值无差异），从而达到控制的目的（也就是不会对因变量产生影响）。

8.3 排除替代解释与内部有效性和外部有效性的平衡

在上述研究中，有很多因素，如年龄、工作强度、工作经历、工作任务以及理解能力等都会影响到护士感受到的工作压力水平。而为了更有效地检验假设中所提出的因果关系，就应该努力把这些因素都控制住，即保证两组护士的年龄、工作强度、工作经历、工作任务、理解能力等都是相当的，然后再去操纵每组护士感知到的情感支持水平，进而观察他们感受到的工作压力的大小。

在对数据生成环境进行操控的过程中，随着我们努力去控制住各种潜在的影响因素而消除替代解释的影响，就会发现数据生成的方式越偏向于实验室实验的形式，因此研究的内部有效性就不断提高，但外部有效性在不断降低。反之，如果控制因素越少，那么数据生成的环境就越接近现实，研究的内部有效性就不断降低，而外部有效性则得到提高。

所以，为了排除替代解释，医院主管应该对数据生成方法（实验设计）进行改进，例如，选取的被试都是医学院的学生，他们的年龄是相仿的，工作经历也接近，理解能力也差不多，并且让他们做同样一个任务，工作性质也是一样的。这样就能够把所有可能的替代解释都控制住。然后，就可以操纵关心的变量：情感支持水平。例如，把学生（护士）分成三组。其中，在第一组中，每位学生都有一位心理辅导医生提供全程帮助；在第二组中，学生只是在提出请求的时候才得到帮助；而在第三组中，学生得不到任何帮助。经过这样的操纵，可以认为设定好了三组得到不同的情感支持水平的实验对象。

但在这种数据生成方式下有很多人为操纵的情况，研究情景也距离现实环境越来越远，但是却越接近因果关系的本质。因此，本书特别强调做研究的时候要将二手数据研究和做实验相结合，因为二手数据或问卷虽有优势，如数据可获得性，但是缺点就是没有办法很好地排除各种可能的替代解释，即在因果关系的验证上存在一些弱点而不具有很好的内部有效性。

这就是为什么在财务和会计领域的研究中，主关系的分析就只有一张回归表，而论文后面可能会有十几张表在做各种各样的补充分析，以此来把各种可能的替代解释排除掉。但是这样做也只能排除想到的一些替代解释，而不能说不存在其他的替代解释了。

比如，一个很典型的实验，管理者想要分析存款利率和客户存款偏好之间的关系，就可以直接去收集不同银行的存款利率和这些银行的客户数据，据此来分析存款利率和客户存款偏好之间是否存在关系。而这项研究也可以通过做现场实验去验证因果关系。研究者在周边 60 千米范围内选了 4 家银行的分支机构，然后发布一个广告，告知周围的居民这 4 家银行的存款利率不同，分别为 10%、9%、8% 和 5%。一个星期后，观察居民的存款偏好和存款流向。显然这样做现场实验的成本是非常高的。为了保证研究的内部有效性，同样有很多因素需要被控制住，如这 4 家银行的分支机构的服务水平、规模、用户基数等。这些因素应该在这 4 家银行中都相当，否则即便最后数据分析发现存款利率和客户存款偏好存在关系也排除不了潜在的一些替代解释。

除了做现场实验，还可以做实验室实验，实验室实验的可控性非常高。例如，同样研究存款利率和存款偏好之间的关系，可以招募一些学生，告诉他们要做一个存款决策，每个人给 1 000 元，这 1 000 元可以拿去买东西，也可以存到银行以后用，但是每个组的存款利率不一样，这时就要观察每个组里学生的存款决策。在这种情况下，研究者构建了一个虚拟的决策环境，人为地操纵了存款利率，但是所有潜在的影响因素都得到了有效的控制。因此，可以预期利率越高，存款越多；利率越低，存款越少。

总之，在研究同样一个问题的时候，可以在二手数据研究、现场实验和实验室实验三种数据收集方法中进行选择。也就是说，分析同样一个问题时，可以选不同的数据生成方法，研究设计并不唯一，可以是多种多样的。

那么，到底应该如何去做研究设计的选择呢？如果此时脑子里真的能想出很多种不同的研究设计方案，这说明我们对研究设计本身有很深入的思考。这时选择的标准依旧如前文所介绍的那样，研究设计要保证研究所得结论的内部有效性和外部有效性。

虽然现场实验是一种理想的数据收集方法,但现实情况往往是缺乏足够的预算去实施现场实验,所以在一般情况下,实证加实验是最理想的选择。还有一种情况就是有些研究虽然很有意思,但是拿不到二手数据,如在 *Management Science* 上有一篇论文(Wang 和 Murnighan,2017),讲述的故事是当给一个人多少金钱激励时能让他不要说假话。这是一项非常有意义的研究,可以通过研究该问题知道"诚实到底值多少钱",但是没办法用二手数据研究予以实现,只能通过实验来开展。

目前,管理研究的主流仍是以问卷调研和二手数据实证研究为主,但必须明白这里其实存在很多问题。因此,现在实证研究对数据分析的要求越来越高。例如,实证研究中大都要求提供稳健性检验,就是要证明不存在替代解释。总之,实证研究一定要努力地提高研究的内部有效性和外部有效性。

8.4 控制影响因素的途径

由此可见,为了提高因果关系验证的有效性,就需要对潜在的影响因素进行控制,从而消除这些影响因素对因变量变化的影响。

通常,结合不同的数据生成方法采取两种途径控制潜在的影响因素。一种途径是技术上的,就是在做数据分析的时候,把潜在的影响因变量的因素纳入回归模型中。如果控制变量的波动(方差)引起了因变量的波动(方差),那么就可以运用计量分析技术剔除这部分影响。做管理研究本质上是想用自变量的变化来解释因变量的变化。如果将因变量的变化(方差)比作一块饼的话,那么可以首先将因变量变化中由控制变量所引起的那部分变化扣除(把饼的一部分切掉),剩下的部分就是控制变量所不能解释的因变量的变化,也就与控制变量无关。在这种情况下,如果数据分析发现自变量的变化能够解释这部分剩余的因变量的变化,那么就可以认为自变量的变化也同样引起了因变量的变化。这也就是为什么通常在做回归分析的时候(如文献中的回归表),第一个回归模型往往只含有控制变量(并且要求有一部分控制变量要显著,不然就说明选择的控制变量有问题),然后在后续的模型中再分别加入自变量。其思想就是上面所揭示的,在对潜在影响因素进行有效控制的前提下分析自变量对因变量的影响。

另一种控制途径就是在做实验方案设计的时候，让这些潜在的影响因素的数值在不同组之间保持一致。如果这些变量的数值在不同组之间是没有差异的，那就说明在不同组之间这些变量是没有波动的。如果某一因素的数值没有变化，它就不可能引起因变量变化。

8.5 概念操作化与变量测量

研究设计的一个目的就是要对概念操作化后所形成的变量进行测量，故而要通过设计数据生成方法去获取这些数据。显然，首先要知道需要哪些数据，才知道要做怎样的研究设计，例如，选择何种数据生成方法去收集数据。当然很多时候还需要根据方法的可行性来调整数据需求（如方法无法实施而进行调整），进而修正概念操作化的路径（修正概念定义和变量测量方法），如图 8-1 所示。

图 8-1　研究设计与数据收集

1. 选择概念的定义

测量的本质就是赋值，就是给一个概念赋值，这个赋值需要合理，要能够被广泛认同、接受。概念的定义需要满足两个条件：第一，这个概念的定义本身要很清楚。例如，员工忠诚度可以定义为员工在公司尽职工作的态度，但这只是一个概念层面的定义，不具有操作性，也就是说根据这个定义还是很难给"员工忠诚度"这个概念赋值，还是界定不了什么样的员工忠诚度是高或低。在对概念进行操作化时，可以把员工忠诚度定义为员工每个月按时上班的天数。这虽可以满足操作化和赋值的要求，但这样的定义往往会被质疑能否准确地反映员工忠诚度这个概念的本义。例如，每天按时上班的员工对公司的忠诚度就高吗（有些员工可能只是应付差事）？第二，概念的定义要能准确地反映概念的内涵与外延，进行概念操作化的时候，要做到定义很精确，不能产生偏差。

概念首先必须能够精确地被定义，如此才能够有效地对其加以测量。例如，品牌忠诚度这个概念，要想准确地测量它，首先就必须给一个清晰的定义。而操作化方法是跟它的定义密切挂钩的。例如，这里有两个定义，一是把品牌忠诚度定义为消费者对一件商品的持续购买行为，二是将其定义为消费者对品牌喜好的程度。这两种定义都能反映消费者对一个品牌的忠诚度，并且都有文献支撑（也就是得到一部分学者的认可）。但是，如果我们给出的是第一个定义，那么在进行概念操作化赋值的时候就要测量消费者的购买次数（与定义中给定的概念内涵保持一致，即"持续购买行为"）。而如果我们给出的是第二个定义，那么这里关注的焦点应该是消费者的态度，这个就无法直接观察得到，从而使得数据收集的方法区别于第一种方式，此时可以通过发放问卷进行调查。

由此可以看出，概念定义可以决定在对概念进行操作化的时候，如何对概念进行测量以及用什么样的方法来收集数据。也就是说，概念定义直接决定怎么样进行概念操作化，进而影响整个研究设计的开展。这也是管理研究中非常核心的一个问题，需要引起足够的重视。

总之，为了提高研究的可行性和科学性，给概念恰当的定义至关重要。例如，如果我们研究品牌忠诚度，且正好拥有消费者购买商品次数的数据，那我们选第一个定义对研究的开展就要有利得多，如果这个时候采用的是第二个定义，那就会额外增加研究工作的难度。当然，如果想提高研究的稳健性（robustness），引入多种方式（客观测量+主观评价）测量某个核心概念（如三角测量），也是鼓励的。

2. 概念操作化的可靠性和三角测量

概念操作化的目的就是要把概念转换成变量，从而能够进行数据分析。这里有一个重要思想——三角测量（convergence），指的是用不同的操作化方法去操作同样一个概念，从而提高操作化的有效性。以品牌忠诚度为例，我们可以基于第一个定义只测量消费者的购买次数，也可以基于第二个定义只测量消费者对待品牌的态度。但是不管用哪个定义和操作化方法，本身都是有局限性的。所以，最有效的办法就是同时用两个或多个操作化方法，这样才能提高概念操作化的可靠性。

如品牌吸引力，这是一个典型的心理学层面的概念，并且每个人对吸引力的理解都不一样，所以这个时候亟须给一个清晰的定义。对管理研究而言，定义能让人们对一个概念拥有相同的认识，只有这样才能在同一个基准上讨论问题。比如，对品牌吸引力的定义可以是人们愿意为商品支付的价格，或者消费者在一件商品上停留的时间。这就是两种不同的概念操作化定义。

对于第一个定义，消费者愿意支付的价格越高，表明商品的吸引力就越大，此时我们需要收集的数据是消费者的意愿支付价格。而对于第二个定义，消费者在商品上停留时间越长就代表消费者越喜欢这件商品，此时我们需要收集的数据是消费者在购物过程中在某件商品上停留的时间。将这两个操作化的思路结合起来，我们就可以采取客观测量＋主观评价的方式来实现对这一概念的操作化，据此开展研究并得到一致的结论，那么这个研究结论就比较可靠。

表 8-1 给出了一些常见的心理学概念及其操作化的定义方式。例如，员工满意度就是人力资源研究中广泛使用的一个概念。对此概念有两个操作化定义：一是员工每月按时上班的天数，二是员工对工作满意度的打分。这正是前文所述的对概念操作化采取客观测量＋主观评价相结合的方法。

表 8-1 常见的心理学概念及其操作化定义

概　　念	操作化定义
员工满意度	每月员工按时上班的天数 员工工作满意度的打分（1～9，其中 1 表示非常不满意，9 表示非常满意）
攻击、好斗性	执行人对学生进行电击时所按按钮的次数 司机在绿灯亮了之后对前面的汽车鸣喇叭的次数
吸引力	一个人的座位与另一个人的座位之间的距离 一个人在看另一个人时瞳孔放大多少毫米
情绪压力	一个人在自创故事中所应用的负面词语的数量 一个人预约心理治疗师的次数
决策技巧	正确完成组织分配的任务的人数 任务完成的速度

资料来源：Sekaran 和 Bougie，2016。

对于这些抽象的心理学概念，如果能同时使用两种方法测量，即在问卷的基础上采用客观的指标来测量，那么这个研究结论的可靠性就很高。因为每种测量方法都有缺陷，例如，某个员工每天按时上班不一定代表对工作满意；而员工对工作满意度打分高不一定真的对工作满意。所以应该尽量运用三角测量的方法，从而提高概念操作化的有效性和可靠性。

现在做学术研究提倡的是，如果做一手数据的研究，自变量和因变量不要都用量表测量（主观评价）；如果自变量是用量表测的，那么因变量最好找客观的数据来测量。例如，我们研究员工满意度对员工生产效率的影响，员工满意度如果用量表测量，那么生产效率就应该用客观的工作绩效指标来测量。所以现在做管理研究，可以将客观数据和主观数据结合起来做，甚至能用客观数据尽量用客观数据，因为这里面会少很多主观上的测量偏差。

值得注意的是，在测量一些心理层面概念的时候，更加强调客观测量，而且客观指标用得越巧妙，就越是研究的亮点，因为这样能提高研究的科学性。当然也要注意一个问题，就是我们所采取的表征行为必须能真实反映某种心理特征，否则同样会遭受质疑。

例如，对于吸引力这个概念，可以定义为一个人的座位与另一个人的座位之间的距离。这个操作化的定义来自一个心理学实验。在一个空房子中间坐了一个人，然后实验被试端着一把椅子来到房间找一个地方放下椅子坐下。这里关心的问题是他坐在哪儿，并认为坐的位置距离中间那个人越近，那么那个人对他的吸引力越大。第二个定义也很有意思，就是当被试看另一个人时瞳孔放大多少毫米，据此来测量吸引力。这里给出的对吸引力的测量方法都是用客观指标来衡量的。

情绪压力也是很难操作化的概念。在这个例子中，第一个操作化的定义是：一个人在自创故事中所应用的负面词语的数量。这也来源于一项心理学实验，即被试被要求写个小故事，然后统计用到的负面词语的数量。如果负面词语越多，说明情绪压力越大。第二种操作化的定义是：一个人预约心理治疗师的次数，预约的次数越多就表示情绪越压抑。这里实际上也是用客观数据来衡量的。

当然，在给出概念操作化定义的时候绝对不能天马行空，而是需要有依有据，否则会影响整个研究设计的合理性以及分析结论的可靠性。

3. 变量赋值

当给概念提供了操作化的定义后，就可以得到一个变量来代表所想研究的概念。例如，吸引力这个概念经过操作化定义后，就转换成为吸引力这个变量，它的赋值就是座位间的距离。

对变量赋值是有原则的。很重要的一点在于如果能对一个变量赋值为连续变量,即在取值范围内能取任何值,就不要赋值成分类变量或虚拟变量(回忆下前面介绍过的变量的四种类型)。如果一个变量的取值,从 0 到 100 可以取到任何值,那么就不要把它设计成分类变量,如大于 50 或是小于 50。例如,一个人的年龄是可以用具体的数值衡量的,可以设计成连续变量。但有些研究会把年龄设计成分类变量,如大于多少岁、小于多少岁,最差的是做成虚拟变量。

这是因为在做数据分析的时候,我们希望自变量和因变量都要有变化,方差尽量要大。只有自变量波动了才有可能观察到因变量的变化(在前面章节讲过这个问题)。但如果把变量设计成分类变量或者虚拟变量,那么变量的方差就会缩小,这样就会丢失很多方差,从而降低了研究的科学性。例如,自变量设计为连续变量,取值为 10,15,19,31,41,50;或者设计为分类变量按照是否小于 20、大于 20 小于 30、大于 30 来设计,赋值为 10,10,10,30,30,30。分别计算方差,设计为连续变量时,自变量的方差为 205.89(标准差为 14.35);而设计为分类变量时,自变量的方差为 100(标准差为 10)。

在对变量赋值时,有时也会采用复合指标。复合指标是指在测量一个复杂概念的时候,可能包括多个维度。如社会地位,这个概念非常复杂,它包括很多维度,可能跟一个人的职业、教育、收入都有关系,那么这时要定义这种复杂的概念,就可以考虑做一个复合指数。做复合指数有两个办法:

- 线性复合,如给每一个维度附加一个系数,这个系数依据经验法则来定。
- 做量表,设计多个题项,然后对每个题项的值取平均数,或者做一个因子分析。总之,用一些复合指标去测量复杂的概念,但是这些方法本质上都是一样的,就是要把一个概念转化成变量。

例如,测量顾客对产品 A 的态度,这里就会问顾客几个问题(量表),如喜欢产品 A 的程度等。这些问题其实表达的都是一个意思,只是从不同角度来加以提问,此时就可以取其平均值,并赋值给变量。

此外,在对变量进行赋值的时候也要注意变量的取值范围。确定变量的取值范围很多时候是根据经验而定的,如可以参照已有文献。如年龄,如果研究的是公司高管,一般年龄都是在 20~70 岁,这是根据经验而定的。如果发现某个样本中高管的年龄超出这个范围,就要检查赋值是否存在问题。

本章对研究设计中的一些关键点进行了详细说明,其中最为重要的就是概念操作化。这是将理论层面的概念等价转换成可测量变量的关键一步，也是管理研究中的关键一跳。这之后的工作都与数据有关，包括数据收集、整理、分析等。

▶ 思考与练习

1. 假设想研究 CEO 的颜值对公司绩效的影响这一因果关系，你认为验证这一关系的关键之处是什么？
2. 在上一题的研究问题中，除了 CEO 的颜值这一影响因素外，你还能想到哪些可能影响公司绩效的替代解释？请列出来，并简述你将如何排除这些替代解释。
3. 请简要阐述如何保证研究的内部有效性、外部有效性。
4. 请简述什么是三角测量，并分别针对自恋（narcissism）、创造力（creativity）这两个变量提出不同的操作化定义。
5. 当所选取的变量既可以作为连续变量也可以作为分类变量时，你将优先选取哪一种方案？为什么？

第 9 章

抽样与数据收集

本章的主要目的在于介绍管理研究流程中需要动手来做的研究步骤，即抽样、数据收集和分析等。主要内容包括：抽样的概念、如何进行抽样、数据收集的方法、数据分析和假设检验。本章的学习重点在于学习抽样及抽样方法，并能够灵活运用抽样方法，了解几个常用的数据收集方法，如实验法、问卷调研法和二手数据实证研究法。

9.1 从思考到动手的转变

至此，本书已经将做管理研究的思维方式都做了介绍。管理研究的思维流程可以划分为两部分（如图 1-2 所示），一部分主要是用头脑去思考的，另一部分则主要是用手来做的。到目前为止，主要用头脑思考的部分已经讲完了，而剩下的工作都属于要用手来做的。

阅读、学习至此，如果能够很好地掌握前面的内容，那么应该都能独立完成研究中至少 2/3 的工作，剩下 1/3 的工作则主要是收集数据和分析数据。而这个阶段更多的是一个熟能生巧的过程，通过大量的练习（看文献、收集数据、分析数据）可以不断地提高研究工作的效率。

笔者特别喜欢用图 1-2 来介绍研究的流程。因为管理研究所做的工作就是按照这个图的步骤来做的。此前本书花了大篇幅讨论如何提出问题，如何做文献综述，如何搭建理论框架提出假设，如何做研究设计，从本章开始介绍研究中需要用"手"做的几件事情：

- 抽样，应该如何抽样。
- 运用常见的数据收集方法，如实验法、问卷调研法、二手数据实证研究法。
- 数据分析和假设检验。
- 论文发表（第10章介绍）。

9.2 抽样

所有的研究都是基于一个由研究对象所构成的群体来开展的。我们的研究数据就由这个群体所产生。因此，抽样就是我们选定研究群体的过程。从统计学的角度来看，抽样（sampling）的背后存在一个复杂的统计学原理的支撑，而对管理研究而言，不一定需要去掌握抽样背后的数学逻辑，只需要知道在什么条件下如何抽样就可以了，这一点较为简单，容易掌握。

这部分主要涉及以下几个问题：第一，为什么要抽样；第二，抽样方法有哪些；第三，概率抽样和非概率抽样之间有哪些区别；第四，各种抽样方法的优势和劣势有哪些。

1. 抽样相关概念

在每篇论文假设提出之后，紧跟着就是研究设计部分。在这个部分，每篇论文都会先陈述样本的来源和构成，以及选择这个样本来检验假设的合理性，然后才介绍概念的操作化定义和变量测量方法。

抽样就是从样本总体中选取一部分观察值组成研究样本以代表样本总体的特征。所以，抽样样本中的观测值一般比总体小。而抽样过程中最重要的一点就是抽样样本要有代表性，即可以用这个抽样样本去推断样本总体的特征。简单来说，当没有办法收集到样本总体信息的情况下，只能通过抽样的方法来获取信息。但是基于抽样样本所做的分析能否推断总体的特征，这是一个十分值得注意的核心问题。

（1）抽样的对象。抽样之前，首先要思考一个问题——研究的对象到底是什么？这个问题跟我们做研究设计密切相关。我们抽样应该是在研究对象所构成的样本总体上进行。例如，如果研究的是公司层面的问题，就应该在公司层面进行抽样；如果研究的是员工层面的问题，就应在员工层面抽样。此外，要保证所抽取的公司具有代表性，这个公司内部所选取的员工同样也要具有代表性。

其次，能不能研究样本总体而不抽样？其实也是可以的。对于有关上市公司的研究，一般不建议采用抽样的方法。例如，研究"上市公司高管的薪酬如何影响公司绩效"这一问题时，不能仅仅只找某一个行业或在上市公司里挑选一些公司来做，因为有关上市公司的研究数据可以直接从数据库里全部获得。

抽样中有一个很简单的原则——如果能抽取大样本，就不要抽取小样本。比如，一个样本的数量能够扩大到500，就不要只抽取100，总之样本数量越大越好。另外，对抽样流程来说，一定要按照标准的抽样流程来做。抽样有一个规范的流程，按照这个规范的流程一步一步做就可以了。

（2）样本的代表性。共有三个因素会影响到样本的代表性——抽样的过程、样本的大小和样本的参与度。也就是说，如何抽样，抽多少样本，以及抽样对象是否配合调查均会影响到样本的代表性。例如，要调查员工的工作满意度，从10家公司里抽取了100名员工，但是这些员工不一定配合参与调研，这种情况也会影响到样本的代表性，所以在抽样时应特别注意这些问题。

在研究中国的整体人口特征时，理论是基于样本总体来构建的，但是不可能调查所有的中国人，那么只能采取抽样的方法，制定一个抽样的框架，然后按照抽样框架去收集数据。实际上研究的是样本的特征，根据这个样本的特征去推断总体的特征。所以在这个过程中，一定要保证样本能代表总体，也就是我们反复强调的——代表性。

如何才能实现基于一个小的抽样样本的特征去推断总体的特征？是否有判断依据？也就是说，从数学上能否证明在什么条件下进行抽样所得到的样本的特征能代表总体的特征？如果能保证这一点成立，那么抽样就是一种非常科学、高效的研究方法。这里就引出数理统计学中最重要的一个定理（之一）。

2. 中心极限定理

我们做分析一般关心的是总体的某些特征而不是总体中具体观测值是多少，在总体的特征里最重要的一个特征就是均值，它描述总体的平均水平。例如，我们经常说全校学生的平均身高是多少，而不会关心某个学生的身高是多少。我们能否通过从全校学生中抽取一部分学生，计算他们的平均身高，然后据此来推断全校学生的平均身高呢？这时就要用到中心极限定理。

中心极限定理指的是给定一个任意分布的总体，每次从这些总体中随机抽取 n 个抽样样本，一共重复抽 m 次。然后，对这 m 组抽样样本分别求出平均值。那么，当抽样次数 m 大于 30 时，样本均值的分布就会接近正态分布，而样本均值就等于样本总体的均值。这样就可以利用样本的均值来推断总体的均值从而实现抽样统计的目的。

比如，想研究一个班级内学生的平均身高，班级中共有 60 名学生，每次抽取 10 名学生，可以算出这 10 名学生的平均身高。连续抽取 30 次，然后把 30 次收集的平均身高数据描绘到一个分布图上，就会发现平均身高的分布接近正态分布。

3. 标准差与标准误

标准差表示数据离散程度：标准差越大，数值分布越广，集中程度越差，均值代表性越差。标准差越小，数值分布集中在均值附近，均值代表性越好。

样本均值的标准误（standard error for the sample mean），顾名思义，是用于衡量样本均值和总体均值的差距。标准误越小，样本均值和总体均值差距越小；标准误越大，样本均值和总体均值差距越大。标准误用于预测样本数据准确性，标准误越小，样本数据越能代表总体数据。对一个总体多次抽样，每次样本大小都为 n，那么每个样本都有自己的均值，这些均值的标准差叫作标准误。标准差是单次抽样得到的，用单次抽样得到的标准差可以估计多次抽样才能得到的标准误。

依据中心极限定理，每一次抽样都可以得到一个抽样样本的均值（$\overline{X}$）和标准差（SD）。多次抽样后，抽样样本的均值之间的差异也会产生一个方差，而这个方差跟抽样样本的方差之间就会存在一个关系。样本的抽样误差（SE），或称为标准误（standard error）与抽样样本的标准差之间满足公式：

$$SD = \sqrt{\frac{\sum(X-\overline{X})}{n-1}} \qquad (9\text{-}1)$$

$$SE = \frac{SD}{\sqrt{n}} \qquad (9\text{-}2)$$

那么，上述公式到底有什么用呢？做管理研究，所有的假设推断全部都是基于中心极限定理来展开的。抽样样本的均值是服从正态分布的，如图 9-1 所示，而这个分布的标准差就是标准误，抽样样本的均值就是总体的均值。那么，每一次抽样都能计算出来抽样样本均值落在某个区间的概率。所以，如果知道每一次抽样距离样本总体均值的偏差可能性有多大，就可以根据每一次抽样的样本均值的大小去推断总体样本均值的范围。

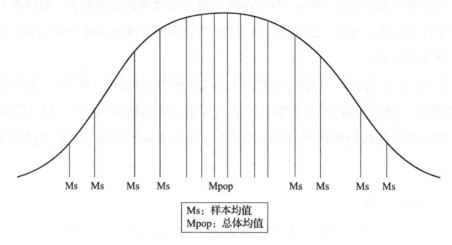

图 9-1　抽样样本的均值分布

例如，可以知道 95.45% 的样本均值将会落在 2 倍的标准误的范围内，或者也有 99% 的可能性要落到 2.58 倍的标准误范围内。

4. 置信区间

如果假设某个样本总体的均值为某个值是成立的，那么每次抽样得到的样本均值应该以一定的概率落在某个区间范围内（置信区间）。但是如果某一次抽样得到的抽样样本均值超出这个范围，那就说明一个小概率事件在一次抽样里面发生。但是，按照概率统计的理论小概率事件是不可能发生的。如果在一次抽样里面发生这种小概率事件，那么只有一种可能，就是原假设总体均值为某个值是不成立的，也就是要拒绝原假设。实证研究做回归系数的假设检验，实际上都是假设系数为 0，然后通过一次抽样（分析数据，注意没有抽两次）看基于抽样样本所计算得到的回归系数是否落在置信区间内，据此来判断系数是否显著（不为 0）。

5. 随机抽样

抽样最核心的思想是随机性，只有这样才能保证样本的代表性。那么如何才能实现随机抽样呢？方法很多，可以用电脑，可以用计算器，或者使用随机数。简单来说，假设样本总体有很多个体，先给每个个体编一个号，然后让计算机生成随机数，根据取得的随机数，再把相应编号的个体挑出来，这是一种随机抽样。

或者可以让这些人依次抽签，抽到红色就留下，黑色就离开。总之要保证每个个体被抽样选中的概率是一样的，这就是所谓的随机抽样。

例如，招募学生来参加实验，那么招募学生就要强调做到随机。假如有100个学生报名参加实验，但只需要20个人，那怎么挑选？就要按照前面介绍的随机抽样方法来确定参加实验的人选。只有通过随机抽样，才能保证样本的代表性。

9.3 数据收集方法

1. 实验法

2019年的诺贝尔经济学奖又一次颁给了做实验的学者。实验研究方法在经济学中已经非常普及了。"如果说社会科学是一顶皇冠的话，那么经济学就是这顶皇冠上的明珠，这就说明了经济学在整个社会科学里面的地位。"经济学里面很多理论都可以用数学公式加以证明。这使得随后许多研究行为科学的学者也在尝试用数学模型去论证一些行为决策。数学模型的推导依赖的是数学逻辑，因而保证了逻辑的严谨性，而管理学研究中很多时候都是依赖于文字逻辑，因此管理学里面很多概念之间的关系这样说可以，那样说也可以。

关于管理学未来的趋势，如果想让科学的成分更多一些，而不只是一门艺术的话，肯定会更多地借鉴经济学的一些方法。例如，在SMJ、AMR上，最近也发表了一些纯数学模型的论文（Alexy、West、Klapper和Reitzig，2018；Patrick、Martignoni和Schoeneborn，2020），而且现在做实验的文章在管理学期刊上发表也越来越普遍（Chen、Jermias和Panggabean，2016；Flammer和Kacperczyk，2019；赵晓琴和万迪昉，2017），当前有一个很重要的转变，就是在管理学的研究中，非常专注于解开某一个关系的微观机制，而这也需要借助实验的手段来开展研究。

2. 问卷调研法

常用的一手数据收集方法是问卷调研（questionnaire）法。问卷是用来收集数据的一个常用的手段，非常高效，但是问卷调研法存在一个很大的问题，即如何将问卷设计得合理。一般而言，在用问卷调研法的时候应尽量避免自己设计量表，而是应该借鉴一些成熟的量表以保证问卷的可靠性。如果一定要开发量表，那么就要遵循标准的量表开发流程来操作。

3. 二手数据实证研究法

CSMAR、Wind、CNRDS 都是非常好用的上市公司数据库。深圳证券交易所和上海证券交易所的网站上也有很多有用的信息。二手数据的优势无须赘言，问题是二手数据有什么劣势。比如，数据库里可能没有研究者想要的数据。不过，如果研究所需的数据都能从数据库里全部直接下载，那么这项研究基本上是不可能发表高水平文章的。现在做二手数据的研究，一般都是在数据库里下载一部分数据，但是核心的数据是自己去收集的。同时，每位研究者都有责任去保证自己的数据是没有问题的。

9.4　数据分析与假设检验

如何知道所提假设是否能通过数据验证？假如 x 和 y 呈正相关，一元回归方程是 $y = a + bx + \varepsilon$，多元回归方程是 $y = a + b_1x_1 + b_2x_2 + \varepsilon$，在这两个回归方程中，$a$ 是常数项，b 是系数，ε 是误差项，或叫残差。残差等于 y 的实际值减去 y 的均值或预测值，残差的均值是 0。x 在方程里对应的是自变量，y 对应叫因变量，通常根据自变量的系数 b 的正负判断 x 与 y 之间的关系。

如果假设是正相关，那么 b 是大于零的；如果假设是负相关，则 b 是小于零的；如果假设是 U 形相关，就应该把模型改一下，改为 $y = a + b_1x^2 + b_2x + \varepsilon$，正 U 形的抛物线，$b_1$ 大于零；倒 U 形，则 b_1 小于零。

在看计量软件的回归分析输出的结果时，要重点看自变量系数的符号，同时要看一下它的显著性，一般要求的显著性水平是 5%，就是在 95% 的置信区间上，系数不等于 0。系数显著之后再看系数符号。有时候也反过来先看系数符号，系数的正负如果和假设一致，再看是否显著，如果显著则说明假设得到了支持。

有时也会遇到系数不显著，或符号跟假设相反，那么应该怎么办呢？首先，要检查一下数据有没有问题，如是否存在异常值。如果数据没有什么问题，就要想一下理论是否存在问题。如果这些都没有问题，那么就得承认和接受这个事实，并且讨论为何是这样的结果。关于如何使用具体的研究方法去生成、收集数据，这方面的资料多且易得，本书不再介绍。

▶ 思考与练习

1. 如何选择抽样的对象？抽样的对象应该具备什么样的特征?
2. 简要阐述中心极限定理的含义。
3. 简要说明标准差、标准误之间的关系。
4. 如何实现随机抽样？
5. 几种常用的数据收集方法各有什么优势和劣势？
6. 如何判断所提假设是否得到数据支持？

第 10 章

学术提升之路

本章的主要目的是阐述如何铺就学术之路，并结合笔者的研究经验提出建议。主要内容包括在理论论述上关注微观机制，在研究设计上注重平衡内部有效性和外部有效性，在进行概念操作化及数据抽样时注意等价性等；最后介绍在论文发表过程中应注意的问题和高水平学者需具备的四个基本素质。

管理研究的思维方式大致如此：从现象出发，提炼科学问题，构建理论提出假设，随后开展研究设计对概念进行操作化，并收集数据、处理和分析数据进而检验假设是否得到支持，最后是撰写论文来汇报这一研究工作。本书并没讲太多收集数据之后的工作，主要是因为现有很多方法类图书都会把这些内容作为重点介绍。至于如何撰写论文，则可以阅读 Academy of Management Journal 上发表的有关如何发表论文的系列文章"publishing in AMJ 1-7"，它们对论文的每个部分如何撰写都有非常详细的介绍。

将这些内容整合到一起，就涵盖了开展管理研究所需要的所有知识。而我们这本书实际上就是把如何构思研究课题这个部分的内容作为重点进行讲解，从而与其他学习资料一起形成一个完整的管理研究知识体系。

最后，本书从提升学术水平角度，对管理研究中需要重点关注的几个方面的问题进行总结。

10.1 关注微观机制

平时要有意识地去积累与所做研究相关的经验和知识，将生活中有趣的现象提炼成有价值的问题并记录下来，作为未来研究的素材。本书一开始就强调，管理研究来源于生活，不能脱离实际去空谈理论。

管理研究工作的本质在于探求因果关系，特别强调构建理论，建立起揭示概念间因果关系的逻辑机制，从而能够把概念间的内在关系说清楚。例如，我们做一项公司层面的研究，想分析国企（SOE）背景和企业规模如何影响公司利润。但我们要理解，任何高层次的因素最后都会因影响到具体的人的行为而产生作用效果。也就是说，人类社会所有的变化最终是由人、人与人之间的交互影响所累积产生的。从这一点出发，国企背景、企业规模等公司层面或更高层面（社会、区域、行业）的因素本身并不能直接影响到企业的绩效（或行为），都一定是先作用到企业中关键个体的身上，影响到这些个体的认知、判断和行为决策。而后，个体行为聚合的结果就表现为更高层面，如企业层面的变化。这就是本书特别强调的微观机制，也是建构理论、验证理论的核心。这在学术界有个形象的说法，被称为"澡盆理论"（Coleman，1990），如图10-1所示。

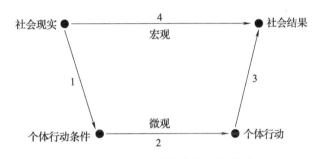

图 10-1　社会科学解释的一般模式

资料来源：COLEMAN J S. The Foundations of Social Theory [M]. Cambridge, MA: Harvard University Press, 1990.

但是，当前很多管理研究都停留在表面，研究的都是高层概念之间的关系，用的都是非常宏观的理论，如制度理论和企业竞争优势等，缺乏对微观机制的关注，这样就会导致很多问题都说不清楚。例如，企业规模如何影响绩效？已有研究解释认为规模大的企业具有更大的市场影响力，能获取更多资源，从而更具竞争优势，并提高企业绩效。但是，这样的解释并没有触及微观机制，例如，为何规模大的企业就能获得竞争优势、优势从何而来等。

从微观机制入手（如图10-2所示），公司的特征对利润产生影响是通过影响相关的个体感知，进而影响个人行为导致的，最终反映为对公司利润的影响。实际上，当前学术界都非常重视去探讨理论的微观机制，这对战略管理研究而言尤为重要（Felin、Foss 和 Ployhart，2015），例如，研究企业社会责任（Shea 和 Hawn，2019）和国际商务的学者（Foss 和 Pedersen，2019）都强调这种转向。

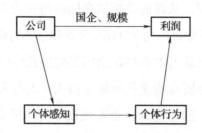

图 10-2　企业规模影响利润的微观过程

10.2　关注内部有效性和外部有效性的平衡

　　研究方案的设计强调提高研究结论的内部有效性和外部有效性，这也是学术研究的最高境界。但是现实中很难做到兼备，故而在做研究的时候需要综合考虑可行性和成本因素，在内部有效性和外部有效性之间找到一个最佳的平衡。本书强调单纯地使用问卷、二手数据、实验室实验等方法开展研究都存在一些有效性方面的问题：不是欠缺内部有效性，就是欠缺外部有效性。而最佳的研究方法是现场实验，能够兼顾内部有效性和外部有效性。然而此前也提到，开展现场实验有时是可遇而不可求或成本很高而不能实现的，这也使得很多学者都感慨学术研究的不完美。

　　进一步，在前面也提过一个替代的方式，就是用实证 + 实验的方法来实现内部有效性和外部有效性的互补，从而提高研究的科学性。

　　此外，我们还要关注一种新的研究模式：自然实验（natural experiment）。自然实验称为实验但并非真的实验，而是由企业不可控的因素所导致的，对社会环境所进行的某种操纵，或者改变了社会运行的轨迹，从而实现对某个关键因素的操纵（改变数值），使得在现实生活中去观察因果关系成为可能。例如，自然灾害（Dessaint 和 Matray，2017）、政府颁布的政策（Baloria 和 Heese，2019；Flammer 和 Luo，2017；Jia、Shi 和 Wang，2018）等都是超出企业或普通民众的控制范畴，故而可以认为是受到外生因素影响而发生的。这样对这一外生事件发生改变前后引发的企业、个人行为轨迹的改变进行比较（如运用 DiD 分析方法），就可以在自然环境下去探查某些因果关系。

要想构建起基于自然实验的研究框架，需要具备非常高的学术敏锐度以及提炼问题、搭建理论框架和操作化概念的能力。这可以说是学术研究要努力追求和提升的方向。

10.3　研究设计要做到两步等价

在实证研究中，要保证基于抽样样本层面所发现的变量之间的关系能够用于验证假设关系，需要满足两个等价条件：

- 概念操作化形成的变量与概念的内涵是等价的。
- 抽样样本的特征能够代表样本总体的特征。

这两个条件是指导开展实证研究的关键方针。而在实际研究工作中，往往也是它们特别容易出问题。很多论文被拒是因为概念的操作不合理、变量测量方法不可靠，或是因为样本选择缺乏代表性。不过这些问题是可以通过系统学习后加以避免的。总之，这都需要在独立从事科学研究过程中通过实践不断地积累经验和提升学术能力。

10.4　学术论文发表

现在整个管理学科的发展越来越鼓励国际化，学术不分国界，需要交流。在这一背景下，很多研究都会用国际语言——英语来撰写。特别是关于中国的研究越来越受到国内外学者的关注，大家共同研究中国的问题，以创造知识，服务中国企业，推动中国经济的发展。在这一背景下，做研究也会面临来自世界各地学者的竞争。大家都在思考类似的问题，都在试图找到问题的答案，这是知识创造的竞争。我们要做好准备去迎接挑战。只有在国际上有更多的声音，做出更多高水平的成果才能引领学科的发展和社会的进步。

对管理学者而言，也要努力在国际上发声，从而让自己有更大的舞台可以去学习和交流，去实现自我价值和人生理想。当然必须承认，做出高水平的研究不是一蹴而就的。国际上把英文期刊分成若干等级，如从 UTD24 这些 A+ 期刊往下，有 A、B、C 等不同水平的期刊。可以实际一些，先学会模仿，然后再做更大的创新，例如，先去发表 B 档次的期刊论文，然后再努力向上做出更大创新。当然，也不要一味地强调一定要发表英文论文。很多对于中国的研究，如果比较适合在国内发表，也要努力在国内顶级期刊上发表论文。这里简单介绍下论文发表的过程。

论文初稿完成后，就可以综合考虑目标期刊的投稿要求，准备好稿件后投出。在论文投稿的过程中不要害怕被拒，论文被拒是很正常的。目前，学术期刊的录稿率基本上都是 5%～10%，越好的期刊会更低，比如 UTD24 期刊拒稿率更高，所以要保持平常心面对论文被拒，通过学习拒稿的意见来提升自己，也是学术成长路上不可缺少的环节。每次被拒后都要仔细分析被拒的原因，总结教训，避免下次因为同样的情况被拒。论文被拒并不等于悲剧，要抓紧时间吸收意见去修改完善研究。有时修改一篇论文的痛苦程度要大于写一篇新的论文。但是，不要轻易放弃自己不成熟的成果，毕竟那已经花费了许多时间和精力。

另外，从踏上学术之路开始，就要努力去建构起自己学术研究的管道，也就是说，要让自己在通往发表之路的每个阶段都有成果。例如，在每个时间点上都有论文在期刊审稿中（under review），有在撰写正文的，有在处理数据的，有在思考框架的，有在提炼素材的……只有这样，我们才能保证自己始终处于"战斗"状态。比如笔者从 2010～2016 年，每天在本领域的某一本重要期刊上都有论文在评审。只有这样，才能保证每年都会有成果发表出来而不至于"断"了，这样就能保持学术活力。

论文从投稿到接收本身也是一个漫长的过程。根据笔者的经验，一个 B 级的期刊，从投稿到接收大概是一年时间；而 A 级的期刊一般是一年半的时间。因为这个过程中需要反复几轮修改后再投（revise and resubmit，R&R）。要特别珍惜每一次获得的 R&R 机会，这是迈向成功的关键一步。要知道，现在很少有论文能够一次录用的。这时就需要根据审稿专家的意见仔细思考、体会审稿人的意图并修改论文。

一定要抱着学习和感激的态度去完成论文修改，要知道审稿人花时间看论文，提出那么多意见都是希望论文最后能够做得更好而发表出来。故而在撰写修改说明的时候要感激审稿人给的意见，而不要去争辩，甚至挑战审稿人。这样 R&R 两到三次后，论文基本上就会录用了。笔者此前经历过五轮 R&R。

学术圈是所有圈子中最公平的一个圈子，在这个圈子里面，评审机制是双向匿名评审，所以只要有才华，做出来的研究有价值，就一定能得到认可。

10.5 学者养成

要想在学术路上走得长远，除了需要掌握学术研究基础知识如文献积累、对政策背景的了解和数据分析的能力外，还需要具备四个方面的素质。

第一，保持坚韧不拔的气质（脸皮厚）。学术研究之路难免遇到许多挫折，如研究结果不理想、问题提炼不出来、论文投出去屡屡被拒等。这就需要提高自己的心理素质而能够面对这些挫折。例如，笔者所在团队就一直在向《管理世界》投稿，虽然屡战屡败，但是只要努力，研究必然会得到认可。

第二，保持灵活的头脑（脑筋活）。要善于发现问题、提出问题，要有自己的想法，能够独立思考，善于问为什么，在日常学习中培养自己的学术直觉和敏锐度，这是做研究不可或缺的灵魂所在。做研究需要去参考别人的工作，但是绝对不能陷进去。始终要保持自己的独立思维，要批判地看文献，思考问题，开展自己的研究。

第三，要勤快（勤动手）。学术圈就是一座金字塔，在底层的学者要努力地往上爬，都需要经过自己刻苦的努力才行。越是居于金字塔上层的学者，除了自身的聪明才智以外，也越勤奋。例如，中流的学者每周工作 70 小时，而顶级学者每周工作 80 小时。在学术圈，一个残酷的事实就是比我们聪明的人却比我们更加勤奋。

第四，要多与其他学者交流（多沟通）。要努力避免花费心血做的研究最后发现别人已经做过了。要了解别人在做什么，同时通过交流能发现自己的研究有什么漏洞而弥补研究的不足。要把问题尽量消灭在投稿前，这样能够极大提高投稿成功率。要多与比自己水平高的学者交流，建立自己的学术朋友圈，这是一生的学术财富，特别是与几位志同道合的学者经常一起合作，形成固定的合作关系。能够得到别人的帮助和提携，对于个人的成长也至关重要。

总之，分享一段话：每一个故事都会有一个好的结局；如果现在的结果不好，那是因为还没有到结束的时候。

学术生涯也是如此，要坚持。要心怀梦想，相信一定会有好的结果！

▶ **思考与练习**

1. 什么是"澡盆理论"？如何把它运用在研究中？
2. 管理研究的关键点有哪些？
3. 结合自身实际，思考是否具备成为高水平学者的四个素质。
4. 本课程对你的未来研究有何启示？

参 考 文 献

[1] ALEXY O, WEST J, KLAPPER H, et al. Surrendering Control to Gain Advantage: Reconciling Openness and the Resource-based View of the Firm [J]. Strategic Management Journal, 2018, 39 (6): 1704-1727.

[2] ASAY H S, LIBBY R, RENNEKAMP K. Firm Performance, Reporting Goals, and Language Choices in Narrative Disclosures [J]. Journal of Accounting and Economics, 2018, 65 (2-3): 380-398.

[3] △ BAI J J, MA L L, MULLALLY K A, et al. What a Difference a (Birth) Month Makes: The Relative Age Effect and Fund Manager Performance [J]. Journal of Financial Economics, 2019, 132 (1): 200-221.

[4] BALORIA V P, HEESE J. The Effects of Media Slant on Firm Behavior [J]. Journal of Financial Economics, 2019, 129 (1): 184-202.

[5] △ BERNILE G, BHAGWAT V, RAU P R. What Doesn't Kill You Will Only Make You More Risk-loving: Early-life Disasters and CEO Behavior [J]. Journal of Finance, 2017, 72 (1): 167-206.

[6] △ BLOOM N, LIANG J, ROBERTS J, et al. Does Working from Home Work: Evidence from a Chinese Experiment [J]. Quarterly Journal of Economics, 2014, 130 (1): 165-218.

[7] △ BROWN W O, HELLAND E, SMITH J K. Corporate Philanthropic Practices [J]. Journal of Corporate Finance, 2006, 12 (5): 855-877.

[8] CAMPBELL R J, JEONG S H, GRAFFIN S D. Born to Take Risk: The Effect of CEO Birth Order on Strategic Risk Taking [J]. Academy of Management Journal, 2019, 62 (4): 1278-1306.

[9] CAO J, LIANG H, ZHAN X T. Peer Effects of Corporate Social Responsibility [J]. Management Science, 2019, 65 (12): 5487-5503.

[10] △ CAO Y, GUAN F, LI Z, et al. Analysts' Beauty and Performance [J]. Management Science, 2019, Online First.

[11] CARROLL A B. Corporate Social Responsibility Evolution of a Definitional Construct [J].

Business & Society, 1999, 38（3）: 268-295.

[12] CHEN Y, JERMIAS J, PANGGABEAN T. The Role of Visual Attention in the Managerial Judgment of Balanced - Scorecard Performance Evaluation: Insights from Using an Eye - Tracking Device [J]. Journal of Accounting Research, 2016, 54（1）: 113-146.

[13] COLEMAN J S. The Foundations of Social Theory [M]. Cambridge: Harvard University Press, 1990.

[14] COLQUITT J A, ZAPATA-PHELAN C P. Trends in Theory Building and Theory Testing: A Five-Decade Study of the Academy of Management Journal [J]. Academy of Management Journal, 2007, 50（6）: 1281-1303.

[15] △ CRONQVIST H, YU F. Shaped by Their Daughters: Executives, Female Socialization, and Corporate Social Responsibility [J]. Journal of Financial Economics, 2017, 126（3）: 543-562.

[16] DESSAINT O, MATRAY A. Do Managers Overreact to Salient Risks: Evidence from Hurricane Strikes [J]. Journal of Financial Economics, 2017, 126（1）: 97-121.

[17] DONALDSON L, DAVIS J H. Stewardship Theory or Agency Theory: CEO Governance and Shareholder Returns [J]. Australian Journal of Management, 1991, 16（1）: 49-64.

[18] DU X Q, DU Y J, ZENG Q, et al. Religious Atmosphere, Law Enforcement, and Corporate Social Responsibility: Evidence from China [J]. Asia Pacific Journal of Management, 2016, 33（1）: 229-265.

[19] FELIN T, FOSS N J, PLOYHART R E. The Microfoundations Movement in Strategy and Organization Theory. Academy of Management Annals, 2015, 9（1）: 575-632.

[20] FLAMMER C, KACPERCZYK A. Corporate Social Responsibility as a Defense against Knowledge Spillovers: Evidence from the Inevitable Disclosure Doctrine [J]. Strategic Management Journal, 2019, Online First.

[21] FLAMMER C, LUO J. Corporate Social Responsibility as an Employee Governance Tool: Evidence from a Quasi-Experiment [J]. Strategic Management Journal, 2017, 38（2）: 163-183.

[22] FOSS N J, PEDERSEN T. Organizing Knowledge Processes in the Multinational Corporation: An Introduction [J]. Journal of International Business Studies, 2019, 35（5）: 340-349.

[23] FLAMMER C, KACPERCZYK A. The Impact of Stakeholder Orientation on Innovation: Evidence from a Natural Experiment [J]. Management Science, 2016, 62（7）: 1982-2001.

[24] GRANT A M, POLLOCK T G. Publishing in AMJ—Part 3: Setting the Hook [J]. Academy of Management Journal, 2011, 54（5）: 873-879.

[25] GROSS A, ROBERTS G S. The Impact of Corporate Social Responsibility on the Cost of Bank Loans [J]. Journal of Banking and Finance, 2011, 35（7）: 1794-1810.

[26] GODFREY P C. The Relationship between Corporate Philanthropy and Shareholder Wealth: A Risk Management Perspective [J]. Academy of Management Review, 2005, 30(4): 777-798.

[27] GODFREY P C, MERRILL C B, HANSEN J M. The Relationship between Corporate Social Responsibility and Shareholder Value: An Empirical Test of the Risk Management Hypothesis [J]. Strategic Management Journal, 2009, 30(4): 425-445.

[28] GUO W, YU T, GIMENO J. Language and Competition: Communication Vagueness, Interpretation Difficulties, and Market Entry [J]. Academy of Management Journal, 2017, 60(6): 2073-2098.

[29] △ HAANS R F, PIETERS C, HE Z L. Thinking about U: Theorizing and Testing U- and Inverted U-Shaped Relationships in Strategy Research [J]. Strategic Management Journal, 2016, 37(7): 1177-1195.

[30] HAMBRICK D C, MASON P A. Upper Echelons: The Organization as a Reflection of Its Top Managers. Academy of Management Review, 1984(9): 193-206.

[31] JENSEN M C, MECKLING W H. Theory of the Firm: Managerial Behavior, Agency Costs and Ownership Structure [J]. Journal of Financial Economics, 1976, 3(4): 305-360.

[32] JIA M, ZHANG Z. News Visibility and Corporate Philanthropic Response: Evidence from Privately Owned Chinese Firms Following the Wenchuan Earthquake [J]. Journal of Business Ethics, 2015, 129(1): 93-114.

[33] JIA M, XIANG Y, ZHANG Z. Indirect Reciprocity and Corporate Philanthropic Giving: How Visiting Officials Influence Investment in Privately Owned Chinese Firms [J]. Journal of Management Studies, 2019, 56(2): 372-407.

[34] JIA N, SHI J, WANG Y. Value Creation and Value Capture in Governing Shareholder Relationships: Evidence from a Policy Experiment in an Emerging Market [J]. Strategic Management Journal, 2018(39): 2466-2488.

[35] JIA M, ZHANG Z. How Long Does the Influence of Organizational Deviance Have on Innocent Firms [J]. Journal of Business Research, 2016, 69(8): 2649-2663.

[36] KÖNIG A, MAMMEN J, LUGER J, et al. Silver Bullet or Ricochet? CEOs' Use of Metaphorical Communication and Infomediaries' Evaluations [J]. Academy of Management Journal, 2018, 61(4): 1196-1230.

[37] LEE J. Can Investors Detect Managers' Lack of Spontaneity: Adherence to Predetermined Scripts during Earnings Conference Calls [J]. Accounting Review, 2015, 91(1): 229-250.

[38] LI S, SONG X, WU H. Political Connection, Ownership Structure, and Corporate Philanthropy in China: A Strategic-political Perspective [J]. Journal of Business Ethics, 2015, 129(2): 399-411.

[39] LI J J, MASSA M, ZHANG H, et al. Air Pollution, Behavioral Bias, and the Disposition

Effect in China [J]. Journal of Financial Economics, 2019, Online First.

[40] △ LUO X R, ZHANG J J, MARQUIS C. Mobilization in the Internet Age: Internet Activism and Corporate Response [J]. Academy of Management Journal, 2016, 59 (6), 1-24.

[41] MARR J C, THAU S. Falling from Great (and not-so-great) Heights: How Initial Status Position Influences Performance after Status Loss [J]. Academy of Management Journal, 2014, 57 (1): 223-248.

[42] MARGOLIS J D, WALSH J P. Misery Loves Companies: Rethinking Social Initiatives by Business [J]. Administrative Science Quarterly, 2003, 48 (2): 268-305.

[43] △ MAYEW W J, VENKATACHALAM M. The Power of Voice: Managerial Affective States and Future Firm Performance [J]. Journal of Finance, 2012, 67 (1): 1-43.

[44] MCWILLIAMS A, SIEGEL D S. Corporate Social Responsibility: A Theory of the Firm Perspective [J]. Academy of Management Review, 2001, 26 (1): 117-127.

[45] MCDONNELL M H, KING B. Keeping Up Appearances: Reputational Threat and Impression Management after Social Movement Boycotts [J]. Administrative Science Quarterly, 2013, 58 (3): 387-419.

[46] △ MISHINA Y, DYKES B J, BLOCK E S, et al. 2010. Why "Good" Firms Do Bad Things: The Effects of High Aspirations, High Expectations, and Prominence on the Incidence of Corporate Illegality [J]. Academy of Management Journal, 53 (4): 701-722.

[47] ORLITZKY M, SCHMIDT F L, RYNES S L. Corporate Social and Financial Performance: a Meta-Analysis [J]. Organization Studies, 2003, 24 (3): 403-441.

[48] PAN L, MCNAMARA G, LEE J J, et al. Give It to Us Straight (Most of the Time): Top Managers' Use of Concrete Language and Its Effect on Investor Reactions [J]. Strategic Management Journal, 2018, 39 (8): 2204-2225.

[49] PATRICK H, MARTIGNONI D, SCHOENEBORN D. A Bait-and-Switch Model of Corporate Social Responsibility [J]. Academy of Management Review, 2020, Online First.

[50] PFEFFER J, SALANCIK G R. The External Control of Organizations: A Resource Dependence Perspective [M]. New York: Harper Row, 1978.

[51] PORTER M E, KRAMER M R. Strategy and Society: The Link between Competitive Advantage and Corporate Social Responsibility [J]. Harvard Business Review, 2006, 84 (12): 78-90.

[52] PREACHER K J, HAYES A F. SPSS and SAS Procedures for Estimating Indirect Effects in Simple Mediation Models [J]. Behavior Research Methods, Instruments, Computers, 2004, 36 (4): 717-731.

[53] SEKARAN U, BOUGIE R. Research Methods for Business: A Skill Building Approach [M]. 6th ed. New Jersey: John Wiley Sons, 2016.

[54] SHEA C T, HAWN O V. Microfoundations of Corporate Social Responsibility and

Irresponsibility [J]. Academy of Management Journal, 2019, 62 (5): 1609-1642.

[55] △ SHI W, ZHANG Y, HOSKISSON R E. Examination of CEO-CFO Social Interaction through Language Style Matching: Outcomes for the CFO and the Organization [J]. Academy of Management Journal, 2019, 62 (2): 383-414.

[56] SHIU Y, YANG S. Does Engagement in Corporate Social Responsibility Provide Strategic Insurance-Like Effects? [J]. Strategic Management Journal, 2017, 38 (2): 455-470.

[57] STRANG S, HOEBER C, UHL O, et al. Impact of Nutrition on Social Decision Making [J]. Proceedings of the National Academy of Sciences, 2017, 114 (25): 6510-6514.

[58] △ SUNDER J, SUNDER S V, ZHANG J. Pilot CEOs and Corporate Innovation [J]. Journal of Financial Economics, 2017, 123 (1): 209-224.

[59] SUCHMAN M C. Managing Legitimacy: Strategic and Institutional Approaches [J]. Academy of Management Review, 1995, 20 (3): 571-610.

[60] TANG Y, MACK D Z, CHEN G. The Differential Effects of CEO Narcissism and Hubris on Corporate Social Responsibility [J]. Strategic Management Journal, 2018, 39 (5): 1370-1387.

[61] TONIN M, VLASSOPOULOS M. Corporate Philanthropy and Productivity: Evidence from an Online Real Effort Experiment [J]. Management Science, 2015, 61 (8), 1795-1811.

[62] VERGNE J P, WERNICKE G, BRENNER S. Signal Incongruence and Its Consequences: A Study of Media Disapproval and CEO Overcompensation [J]. Organization Science, 2018, 29 (5): 796-817.

[63] △ WANG H, QIAN C. Corporate Philanthropy and Corporate Financial Performance: The Roles of Stakeholder Response and Political Access [J]. Academy of Management Journal, 2011, 54 (6): 1159-1181.

[64] △ WANG H, CHOI J, LI J. Too Little or Too Much: Untangling the Relationship between Corporate Philanthropy and Firm Financial Performance [J]. Organization Science, 2008, 19 (1): 143-159.

[65] △ WANG L, MURNIGHAN J K. How Much Does Honesty Cost: Small Bonuses Can Motivate Ethical Behavior [J]. Management Science, 2017, 63 (9): 2903-2914.

[66] WANG H, GIBSON C B, ZANDER U. Editors' Comments: Is Research on Corporate Social Responsibility Undertheorized [J]. Academy of Management Review, 2020, 45 (1): 1-6.

[67] WOOD D J. Corporate Social Performance Revisited [J]. Academy of Management Review, 1991, 16 (4): 691-718.

[68] △ ZHANG J, MARQUIS C, QIAO K. Do Political Connections Buffer Firms from or Bind Firms to the Government: A Study of Corporate Charitable Donations of Chinese Firms [J]. Organization Science, 2016, 27 (5): 1307-1324.

［69］杜兴强，赖少娟，杜颖洁."发审委"联系、潜规则与 IPO 市场的资源配置效率 [J]. 金融研究，2013（03）：147-160.

［70］△贾明，张喆. 高管的政治关联影响公司慈善行为吗 [J]. 管理世界，2010（4）：99-113.

［71］李维安，王鹏程，徐业坤. 慈善捐赠、政治关联与债务融资：民营企业与政府的资源交换行为 [J]. 南开管理评论，2015，18（1）：4-14.

［72］罗党论，应千伟. 政企关系、官员视察与企业绩效：来自中国制造业上市企业的经验证据 [J]. 南开管理评论，2012，15（5）：74-83.

［73］山立威，甘犁，郑涛. 公司捐款与经济动机：汶川地震后中国上市公司捐款的实证研究 [J]. 经济研究，2008（11）：52-62.

［74］叶广宇，万庆良，陈静玲. 政治资源、商业模式与民营企业总部选址 [J]. 南开管理评论，2010，13（4）：62-70.

［75］张敏，马黎珺，张雯. 2013. 企业慈善捐赠的政企纽带效应：基于我国上市公司的经验证据 [J]. 管理世界，2013，（7）：163-171.

［76］赵晓琴，万迪昉. 不同金融契约对多任务代理人激励效应差异的实验研究 [J]. 系统工程，2017，35（2）：8-15.

附录
重要文献概要

1. What a Difference a（Birth）Month Makes：The Relative Age Effect and Fund Manager Performance（Bai, et al, 2019）

本文研究结果表明，上幼儿园时年龄比其他孩子大的基金经理的业绩表现更好，原因在于幼儿园时期的相对年长给其带来的相对优势，使其在以后的人生中拥有更强的自信，从而使得其业绩表现更佳。

2. What Doesn't Kill You Will Only Make You More Risk‑loving：Early‑life Disasters and CEO Behavior（Bernile, Bhagwat, and Rau, 2017）

本文研究了 CEO 遭遇致命灾难经历对于企业政策的影响，研究发现经历过致命灾难但未带来极端负面后果的 CEO，使得公司在杠杆、现金持有及并购等方面的活动更为激进，而那些经历了致命灾难并带来极端负面后果的 CEO，使得公司的政策变得更为保守。

3. Does Working from Home Work：Evidence from a Chinese Experiment（Bloom, et al, 2014）

本文通过携程公司的自然实验，验证了员工在家办公有利于提高员工的工作绩效。这一方面来源于在家办公时，员工休息和病假时间的减少，增加了员工的工作时间，另一方面则来源于员工在家拥有一个安静的工作环境。

4. Corporate Philanthropic Practices（Brown, Helland, and Smith, 2006）

本文研究结果表明，代理成本在解释企业捐赠方面发挥着重要作用。拥有更大董事会的公司与更多的现金捐赠和公司基金会的建立有关。与债权人的有效监督相一致，负债比率较高的公司向慈善机构捐款较少，建立基金会的可能性也较小。

5. Analysts' Beauty and Performance（Cao，et al，2019）

本文研究分析师的外表吸引力是否与他们的工作绩效有关。研究发现有魅力的分析师比不那么有魅力的分析师能做出更准确的收益预测。

6. Mobilization in the Internet Age：Internet Activism and Corporate Response（Luo，et al，2016）

本文基于2008年中国汶川地震后的企业捐款数据研究发现，互联网积极主义推动企业为社会公益做出贡献。

7. Why "Good" Firms Do Bad Things：The Effects of High Aspirations，High Expectations，and Prominence on the Incidence of Corporate Illegality（Mishina，et al，2010）

本文研究结果表明，公司绩效高于内部期望和外部期望都会增加公司采取非法活动的可能性。

8. Pilot CEOs and Corporate Innovation（Sunder J，Sunder S，and Zhang，2017）

本文研究发现，CEO 的飞行员资质与其公司更好的创新绩效相关。

9. Shaped by Their Daughters：Executives，Female Socialization，and Corporate Social Responsibility（Cronqvist and Yu，2017）

本文研究发现，当一家公司的首席执行官（CEO）有了女儿后，公司的 CSR 得分会比其他公司高出约 9.1%。

10. Examination of CEO-CFO Social Interaction through Language Style（Shi，Zhang，and Hoskisson，2019）

本文研究提出，CEO-CFO 间的语言风格匹配反映了 CFO 讨好 CEO 的企图。

由于对上级的逢迎会导致上级对下属的积极评价,因此与 CEO 表现出较高语言风格匹配的 CFO 将获得更高的薪酬。

11. The Power of Voice:Managerial Affective States and Future Firm Performance(Mayew and Venkatachalam,2012)

本文通过利用声音情感分析软件来分析上市公司财报会议的音频文件,以此来测量管理者情感状态。本文发现,管理者表现出的正面和负面的情绪能够为预测公司财务前景提供有用的信息。本研究表明管理者声音线索包含有关公司基本面的有用的信息。

12. Thinking about U:Theorizing and Testing U- and Inverted U-Shaped Relationships in Strategy Research(Haans,Pieters,and He,2016)

本文通过回顾 1980 年至 2012 年在 SMJ 上发表的 110 篇文章,总结了在构建理论和检验 U 形关系时存在的几个关键问题。

13. Too Little or Too Much? Untangling The Relationship between Corporate Philanthropy and Firm Financial Performance(Wang,Choi,and Li,2008)

本研究整合并延伸现有的观点,提出企业慈善捐赠与企业财务绩效之间的关系最好以倒 U 形来描述。

14. Corporate Philanthropy and Corporate Financial Performance:The Roles of Stakeholder Response and Political Access(Wang and Qian,2011)

本文利用中国公司的数据进行的实证分析指出企业慈善捐赠对企业的财务绩效产生积极影响,因为它有助于企业获得社会政治合法性。

15. How Much Does Honesty Cost:Small Bonuses Can Motivate Ethical Behavior(Wang and Murnighan,2017)

本文运用实验研究方法研究发现,对诚实的人给予小额金钱奖励可以帮助人们抵制不诚实行为。

16. Do Political Connections Buffer Firms from or Bind Firms to the Government: A Study of Corporate Charitable Donations of Chinese Firms（Zhang，Marquis，and Qiao，2016）

本文将政治关联（political connection）分为两类：先天性的（ascribed）和后天性的（achieved）。

17. 高管的政治关联影响公司慈善行为吗（贾明和张喆，2010）

本文通过收集地震后上市公司慈善捐款以及政治关联相关数据，发现高管的政治关联促进公司慈善行为，表现为具有政治关联的上市公司更倾向于参与慈善捐款，且捐款水平更高。